Schriftenreihe
des Arbeitskreises für Regionalgeschichte Bodensee e.V.
Nummer 15

Konstanz 2015

Die Reichenau im Sommer 1945

Erholung für KZ-Häftlinge aus Dachau
Evakuierung der Einwohner

von

Carola Buchwald
Sonja Klug
Christiane Rudolf
Sabine Rückert
Maria Gaetana Tarallo
Anja Wurz

und

Dr. Arnulf Moser

Arbeitskreis für Regionalgeschichte Bodensee e.V.
2015

Foto auf dem Umschlag vorn:
Koffer eines französischen KZ-Häftlings auf der Reichenau 1945
(© 2015 Museum Reichenau)

Grafik auf dem Umschlag hinten:
Die Reichenau im September 1945. Zeichnung eines französichen Journalisten (Nouvelles des France, 26. September 1945)
(Archiv des Südkurier)

Bibliografische Information der Deutschen Nationalbibliothek
Die Deutsche Nationalbibliothek verzeichnet diese Publikation in der Deutschen Nationalbibliografie; detaillierte bibliografische Daten sind im Internet über <http://dnb.dnb.de> abrufbar.

2. unveränderte Auflage 2015 der Erstauflage von 1994
3. Auflage 2016, 4. Auflage 2024

HARTUNG-GORRE VERLAG
KONSTANZ

ISBN 978-3-86628-552-1

Inhaltsverzeichnis

Vorbemerkung

Wir sind sechs Schülerinnen des Wirtschaftsgymnasiums der Wessenberg-Schule Konstanz. Im Schuljahr 1992/93 besuchten wir in der Jahrgangsstufe 12 den Leistungskurs Französisch, der sich im Rahmen der Landeskunde auch mit Themen wie Besetzung Frankreichs im 2. Weltkrieg, Collaboration, Résistance und französische Besatzungszeit nach 1945 befaßte. Dabei kam auch das Schicksal der Insel Reichenau zur Sprache, nämlich die Evakuierung von 1945, von der wir noch nie etwas gehört hatten, auch nicht die drei Schülerinnen, die selber auf der Reichenau wohnen.

Wir haben eine erste Fassung für einen Französisch-Wettbewerb der Robert-Bosch-Stiftung geschrieben und dafür Akten des Gemeindearchivs und des Pfarreiarchivs der Reichenau durchgesehen. Außerdem haben wir ältere Personen auf der Reichenau über ihre Erlebnisse 1945 befragt. Anschließend haben wir eine erweiterte deutsche Fassung erstellt, für die wir vor allem die französische Perspektive, d.h. die der Armee und die der befreiten KZ-Häftlinge, die auf die Insel kamen, einbezogen haben. Unsere französische Quellen stammen aus dem Südkurier-Archiv Konstanz, dem Besatzungsarchiv in Colmar, dem Archiv des Deportiertenverbandes FNDIRP in Paris, der "Amicale des Anciens de Dachau" in Paris und von Frau Maréchale de Lattre. Wir danken allen, die uns bei dieser Arbeit unterstützt haben. Wir wollten ein dunkles Kapitel der deutsch-französischen Beziehungen sachlich und unvoreingenommen aufarbeiten, Gerüchte und Spekulationen durch präzise Informationen ersetzen.

Die Besetzung Südwestdeutschlands im Jahre 1945

Am 4. März 1945, gegen Ende des Krieges, versuchte General de Gaulle seinen Oberbefehlshaber, General de Lattre de Tassigny, von der historischen Notwendigkeit der Rheinüberquerung zu überzeugen. Aber zunächst war General de Lattre zu diesem Schritt noch nicht bereit. Er war nicht damit einverstanden, die Amerikaner vor vollendete Tatsachen zu stellen. Doch am 27. März erhielt de Lattre auch die Zustimmung der Amerikaner zur Invasion Südwestdeutschlands durch die französischen Truppen. So konnten die Franzosen den Plan, die Oberrheinebene im Süden bis zur Schweizer Grenze und im Norden bis nach Karlsruhe zu erobern, verwirklichen. Außerdem hatten sie die Möglichkeit, Karlsruhe und Pforzheim einzunehmen und in Richtung Stuttgart vorzudringen. Die Franzosen konnten mit amerikanischen Booten und mit Hilfe von Pontonbrücken den Rhein überqueren. Eine Stadt nach der anderen wurde erobert und besetzt, zuerst Karlsruhe, dann Baden-Baden und Kehl, wo andere Panzereinheiten über den Rhein kamen. Eine besetzte Offenburg und marschierte weiter in Richtung Freudenstadt, die andere blieb in der Oberrheinebene bei Freiburg und Breisach. Diese Städte wurden am 21. April eingenommen. Freudenstadt wurde zum Sammelpunkt für die französische Armee. Von da aus rückten verschiedene Einheiten nach Tübingen, Reutlingen und am 22. April nach Stuttgart vor. Weiterhin gingen zwei Einheiten von Freudenstadt in Richtung Südosten. Erstes Ziel war es, sich mit den Franzosen, die entlang der Schweizer Grenze marschiert waren, zu vereinigen. Die zweite Stoßrichtung ging über Sigmaringen (Aufenthaltsort der französischen Collaborateure wie z.B. Pétain und Laval) nach Ulm, das mit Hilfe der Amerikaner besetzt wurde. Ulm war eine Festung, die bei allen Franzosen durch einen Sieg Napoleons bekannt ist.

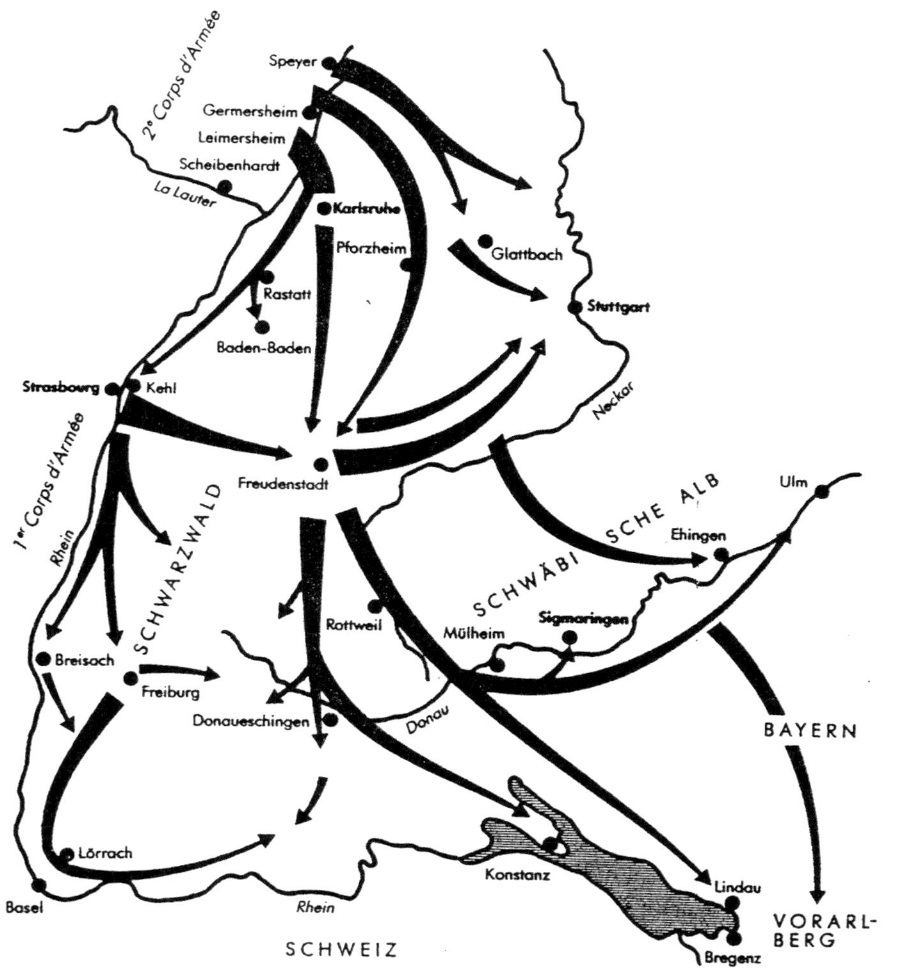

De Lattres Feldzug der 38 Tage oder „Der Krake mit dem Kopf in Freudenstadt"

(Vgl. Krautkrämer)

Die deutsche 19. Armee war zu diesem Zeitpunkt in mehrere Teile gespalten und zeigte wenig Widerstand. Der Kampf hatte keinen Sinn mehr. Wie in anderen Teilen Deutschlands begann im Südwesten der Terror der SS. Deutsche Soldaten, unter ihnen viele junge Leute, aber auch Bürgermeister und andere Beamte wurden gehängt, weil sie ihren Posten verlassen hatten oder weil sie das Ende des Kampfes gefordert hatten. Das Schild, das sie kennzeichnete, trug die Aufschrift "Ich bin ein Verräter!". Freudenstadt wurde schwer bombardiert, weil die Bevölkerung keine weißen Tücher zeigte. Sie hatten Angst vor dem Kreisleiter der NSDAP, und sie fürchteten die Werwolfmänner. Selbst in einer Beschießungspause wurde den Franzosen keine Übergabebereitschaft signalisiert, und am Ende der Beschießung drangen die Franzosen äußerst vorsichtig vor, weil sie immer noch militärischen Widerstand vermuteten. Die Stadt wurde ein Opfer ihrer vermeintlichen strategischen Bedeutung. Schwer zu erklären sind jedoch die nachfolgenden Brandschatzungen, Plünderungen und Gewalttaten von Seiten der Franzosen, doch gab es auch menschliche Aspekte (z.B. warf sich ein französischer Soldat auf eine entsicherte Handgranate, um die umgebende Bevölkerung zu schützen).

Am 26. April besetzten die Franzosen Konstanz und die Insel Reichenau. Ihr Ziel war es, Vorarlberg zu erreichen, um dort eine Besatzungszone zu errichten. Die deutschen Armeen Nr. 19 und 24 kapitulierten am 5. Mai in Innsbruck vor den Amerikanern. Am 6. Mai um 12.00 Uhr schwiegen die Waffen im ganzen Südwesten. In der Nacht vom 8. auf 9. Mai ergab sich die deutsche Führung bedingslos und unterschrieb in Karlshorst bei Berlin die Kapitulation. Der Heerführer der Armee de Gaulles, de Lattre de Tassigny, war ebenfalls anwesend. Zu diesem Zeitpunkt war ganz Südwestdeutschland in französischer Hand.

(Vgl. Krautkrämer)

Die Situation auf der Insel vor der Besetzung - Die Episode mit dem französischen Wein

1940 hatte die deutsche Armee, die Frankreich besetzt hatte, viele Weine und Schnäpse aus französischen Weinkellern nach Deutschland transportiert, von denen der größte Teil auf der Reichenau versteckt wurde. Durch die guten Beziehungen des Nazibürgermeisters Maier mit der SS ergab sich 1942 die Möglichkeit, hier etwa 250.000 Liter Wein und vier Wagenladungen besten französischen Flaschenweins zu lagern. Man brachte Champagner, Wein und Spirituosen in das ehemalige Reichenauer Klostergebäude.

Überraschenderweise gab die Parteileitung am 18. April 1945 bekannt, daß jede Person über 14 Jahre am nächsten Tag fünf Flaschen Wein erhalten würde. Die Ausgabe begann in alphabetischer Reihenfolge gegen 6.30 Uhr im Rathaus und auf dem Schulhof. Nach den schweren Kriegsjahren, wo es vor allem auch an Alkohol fehlte, war die Bevölkerung glücklich, diesen endlich wieder genießen zu können. Die Folge war, daß so mancher drei Tage und Nächte lang vollkommmen betrunken war und auf der Insel herumtorkelte.

Einige sparsame Reichenauer vergruben den Alkohol in ihren Feldern und sogar beim Friedhof in Mittelzell. Es wurden um die 1.000 Flaschen Bordeaux und 100 Kisten Cognac vergraben. Am 21. April 1945, fünf Tage vor der Besetzung durch die Franzosen, war der ganze Wein aus dem Weinkeller verschwunden. Es blieben nur 40.000 Flaschen Reichenauer Wein übrig. Man hoffte, daß er den Franzosen zu sauer wäre, und beließ ihn dort. So wurde er eine Beute der Franzosen.

Am 29. April, kurz nach der Besetzung der Insel, forderten einige französische Offiziere die Rückgabe des auf der Reichenau eingelagerten Weines. Da auf diesen Befehl keine Reaktion erfolgte, wurde daraufhin dem Gemeinderechner Beck die Hinrichtung angedroht, und er mußte also zugeben, daß vor einigen Tagen auf Anordnung der Parteileitung der ganze Wein an die Reichenauer verteilt worden war. Am 23. Mai 1945, nach der Evakuierung der Insel, wurde die verbliebene Bevölkerung aufgefordert, den noch nicht getrunkenen Wein an die Franzosen zurückzugeben. Zu diesem Zweck wurde ihnen sogar erlaubt, ihre beschlagnahmten Häuser in Mittelzell zu betreten.

(Vgl. Raggenbass, S. 101-105, und Akten Gemeindearchiv Reichenau)

R u n d s c h r e i b e n Nr. 22 vom 18.4.45.

Weinausgabe:

Morgen, Donnerstag, den 19.4.45. wird der angesagte Wein ausgegeben. Auf jede Person über 14 Jahre fallen 5 Flaschen Wein. Die Ausgabe beginnt 6 Uhr 30 morgens wie folgt:

Buchstabe	A, B und C	6 Uhr 30 - 7 Uhr 30
"	D, E " F	7 Uhr 30 - 8 Uhr 30
"	G, H, I u. K	8 Uhr 30 - 9 Uhr 30
"	L, M, N, O P	9 Uhr 30 - 10 Uhr 30
"	Q, - Z	10 Uhr 30 - 12 Uhr

Der Wein wird im Rathaus, Schulhof ausgegeben. Es ist ausgeschlossen, dass die Ausgabe an nicht aufgerufene Buchstaben erfolgt. Ein Andrang ist zwecklos, es bekommt jeder seinen Wein.

Infolge schlechter Ablieferung von Weinflaschen bin ich leider gezwungen, nur die Hälfte des vorgesehenen Weines für die Reichenauer abzugeben. Es liegt nun an jedem Einzelnen, sein Quantum zu erhöhen, indem er, gleichgültig ob Reichenauer oder Evakuierter Flaschen bringt. Die Flaschen müssen unbedingt sauber sein, Korken sind mitzubringen.

Maier, Bürgermeister.

Rundschreiben Nr. 21 vom 16.IV.1945

Bekanntmachung:
Jch bitte alle Haushaltungen die in ihrem Besitz befindlichen 3/4 und 1 Liter Weinflaschen gereinigt und mit einem Pfropfen versehen an den Winzerkeller anzuliefern zwecks Ausgabe von Wein wegen Räumung des Kellers. Die Andienung beginnt morgen Dienstag von vormittags 9 Uhr an beim Winzerschuppen.

Meier, Bürgermeister.

Anmeldung der Gondeln:
An die Anmeldung zur Freigabe der Gondeln für die Feldbestellung bezw. für die Hauernte wird hiermit nochmals erinnert. Anmeldungen werden am Dienstag vormittag, den 17.ds.Mts. entgegengenommen. Wer bis dorthin keinen Antrag gestellt hat, kann keine Berücksichtigung mehr finden.

Arbeitskräfte:
Es besteht die Möglichkeit, als Arbeitskräfte die im hiesigen Lazarett so ziemlich wieder hergestellten Soldaten zu bekommen. Wer einen Soldaten wünscht, meldet dies sofort auf der Abt.Gemüsebau.

Bekanntmachung:
Heute mittag in der Zeit von 12 bis 1 Uhr ist der Strom ausgeschaltet.

Der Bürgermeister.

Die Besetzung der Insel Reichenau

Die Besetzung der Insel durch die französischen Truppen am 26. April 1945 und die Tage und Wochen danach verliefen nicht viel anders als in anderen Orten Südbadens. Die Franzosen verhängten Ausgangssperren, die Bewohner mußten Waffen, Radios, Fotoapparate und Ferngläser abliefern. Die Benützung von Autos und Fahrrädern war verboten, für das Festland benötigte man Passierscheine. Nachts blieben die Fenster verdunkelt. Die Gemeinde mußte Geiseln stellen, damit die Einhaltung der Vorschriften garantiert war. Der neue Bürgermeister Honsell ermahnte zur Ruhe und Disziplin und warnte vor Gerüchtemacherei: "Ich erinnere nochmals an strenge Ruhe und Ordnung. Sollte das Geringste eintreten, tritt strenge Bestrafung ein. Das Gegenteil bringt baldige Erleichterung" (Rundschreiben 30. April). Lebensmittel und Handelswaren wurden erfaßt und teilweise requiriert. Schwarzschlachten war verboten. Die Fischer mußten die Boote abliefern, das Fischen war zunächst untersagt. Den Gartenbaubetrieben wurden die Wasserleitungen gesperrt, Wasser mußte aus den Brunnen oder aus dem See geholt werden.

(Gemeindearchiv Reichenau)

Rundschreiben vom 12.Mai 1945

Bekanntmachung:

1. Das Verlassen der Jnsel ist in den nächsten Tagen verboten oder nur mit Ausweis von der Militärverwaltung gestattet.
2. Ausgehverbot von abends 21 Uhr bis morgens 6 Uhr.
3. Bis morgen Mittag 12 Uhr müssen alle Waffen, Munition, Photoaparate und Prismen oder Scherenfernrohre abgegeben werden. Nichtablieferung wird strengstens bestraft.
4. 20 Mann werden als Geiseln genannt, die zur Verantwortung gezogen werden, wenn irgendwelche Verstösse gegenüber den Besatzungstruppen vorkommen.
Geiseln sind:
Eusebius Wehrle, Hans Blum, Engelbert Vögtle, Reinhard Blum, Max Hermanauz, Anand Blum II, Erwin Heinrich, Engelbert Blum, Gebhard Weltin, Josef Schroff, Josef Acker, Ludwig Leonhard, Klemens Deggelmann, Mathias Litz, Georg Ruf, Oskar Wehrle, Reinerth Hans, Prinz Richard, Johann Elser, Johann Baptist Böhler IV.

Polizeiliche Anmeldung:

Alle diejenigen, die hier zugezogen und noch nicht polizeilich gemeldet sind, haben sich umgehend auf dem Rathaus anzumelden.

Der Bürgermeister.

Evakuierungen im Grenzgebiet

Bei Kriegsende wurden mehrere Gemeinden im badischen Grenzgebiet von den Franzosen geräumt. Grundlage war das alliierte Militärgesetz Nr. 161 in der Fassung vom 8. März 1945, das die Schaffung von geräumten Grenzstreifen vorsah. Mit diesen Bestimmungen sollten die Ausfuhr von Gütern und die Flucht von Personen ins Ausland verhindert werden. Ursprünglich sollte wohl der ganze Grenzstreifen zwischen Waldshut und dem Bodensee von den Bewohnern geräumt werden, letztlich traf es aber nur die Gemeinden Lottstetten, Jestetten, Altenburg, Wiechs am Randen und Gailingen. Im Grunde wurde also die Grenze zur Schweiz begradigt, was man als eine militärische Vorsichtsmaßnahme betrachten kann. Als die Franzosen im Sommer 1945 die alleinige Verfügungsgewalt über ihre Zone erhielten, deren Grenzen jetzt erst festgelegt worden waren, wurden diese Evakuierungen bald wieder aufgehoben. Die Evakuierung der Reichenau und der Mainau hat damit nichts zu tun, sie hat einen ganz anderen Hintergrund.

(Vgl. Girres)

Die Vertreibung der Reichenauer

Am 16. Mai 1945 mußten alle Flüchtlinge und Evakuierte, die sich im Krieg und gegen Kriegsende auf der Insel niedergelassen hatten, 750 an der Zahl, die Insel verlassen. Vielleicht war dies ein Vorschlag der Reichenauer gegenüber den Franzosen gewesen, um zu verhindern, daß sie selber gehen mußten. Doch am folgenden Tag erhielten die Reichenauer selber den Befehl, der nur mündlich weitergegeben wurde, die Insel vor 18 Uhr mit höchstens 30 kg Gepäck pro Person zu räumen.

Über den Abzug berichten Augenzeugen: "Am 17. Mai sind wir beim Gemüseabliefern mit der Nachricht, daß wir die Insel verlassen mußten, überrascht worden. Alles wurde stehen- und liegengelassen, nur die Kuh nahm ich mit in Richtung Rathaus, um Scheine für die Erlaubnis hierzubleiben abzuholen. Beim Buchstaben W waren die Zettel ausgegangen, so mußten die Restlichen alle gehen. Ich hatte dann einen Schein, aber nicht mein 11 Monate altes Baby. So mußten wir also beide mit dem Kinderwagen vorne und einem Anhänger hinten zu Fuß nach Allensbach gelangen. Unser Vieh schafften wir vorher nach Oberzell." (Maria B.)

"Es hieß plötzlich, daß wir abends um 17 Uhr die Reichenau verlassen haben mußten. Zwei aus jeder Familie durften bleiben. Aber wohin sollte ich alleine gehen, wenn Vater und Mutter dableiben? Jedenfalls waren wir die letzten, die die Insel verließen. Zu Fuß gingen wir, mit zwei Kühen und einem Leiterwagen, in dem wir Betten, Wäsche, Speck, Schinken und Schmalz versteckten, wie die Zigeuner von der Insel und hofften, daß sie uns nicht zurückschickten, weil wir gegen das Verbot zwei Kühe dabei hatten." (Rosa H.)

17 mai.1945.

BEFEHL

um 11h30.

Antreten vor dem Rathaus von der ganze Zivilbevölkerung. Es wird gestattet 30 Kgs Handgepäack mitzunehmen. Die Verlassung des Ortes muss beendigt sein um 18 Uhr (Uber Schopfen). Nur folgende Personen werden hier gestattet.

1) Der Burgermeister und seine Familie, die Pfarrer und 2 Hilfer die Schwestern.
2) Einige bestimmte Verkaüfsleute.
3) 400 Gärtner die in dem Südteil Oberzell von No 58 bis 129 logieren werden.

Sie werden von der Gemeinderat bestimmt werden! In dieser Zone werden nur Arbeitsfähige Personen gestattet, welche die Landwirtschaft weiter ausarbeitet.

Diese Personen werden von uns ein Ausweis ~~ausgeben~~ bekommen.

Das Lazarett wird evacuiert nach Befehl der französische Behörde, aber das Personal muss bleiben.

Der Burgermeister wird 12 Männer bestimmen unter den Gärten welche Sicherheitsdienst zu übernehmen ~~xxxxxxxxxxxxx~~ werden, Sie sind für alle Plünderei verantwortlich.

Der Shloss Königseck ist von dieser Verordnung nicht betroffen, das Haus "La Baraque" auch nicht.

Die Militärregierung.

Konstanz.

Auf der Insel bleiben durften die Gastwirte und Hoteliers mit Personal, die Posthalterin, die Gemeindeverwaltung, die Ärzte und Pfarrer, die Handwerker, die Kaufleute, die Bewohner von Schloß Königsegg (Familie Hohner aus Trossingen), das Personal des deutschen Lazaretts. Sie konnten in ihren eigenen Häusern aber nur zwei Zimmer benutzen. Ferner durften 400 Gemüsebauern bleiben, die der Gemeinderat zu bestimmen hatte. Man einigte sich auf zwei Personen pro Familie, aber nur arbeitsfähige Leute. Sie mußten alle nach Oberzell in die Häuser Nr. 58 bis Nr. 129 ziehen und durften die eigenen Häuser nicht mehr betreten. Auch das gesamte Vieh der Insel mußte in diese Zone verbracht werden. Die letzten im Alphabet gingen bei dieser Aktion offensichtlich leer aus und mußten die Insel verlassen. Sogar das Altersheim wurde geräumt, seine Insassen kamen in die Heime von Konstanz und Radolfzell. Insgesamt mußten etwa 900 Personen gehen. Bei Kriegsende zählte die Reichenau 1.728 Einwohner, von denen 550 bleiben durften. 57 Reichenauer waren gefallen, 221 einberufen bzw. kriegsgefangen.

Zahlreiche Vertriebene trafen sich am Abend des 17. Mai auf dem Festland bei der heutigen Waldsiedlung, um zu beraten, was sie nun eigentlich machen sollten. Wer Verwandte oder Bekannte in der Nähe hatte, konnte dort hinziehen: "Gott sei Dank hatten wir Verwandte in Allensbach, die uns aufnahmen. Bei denen haben wir dann gearbeitet und gewohnt, in einer Kammer. Mein Vater ging oft an den Schlagbaum und hat sich noch Kleidungsstücke usw. geben lassen"..."Wir haben uns schlecht gefühlt, wollten nach Hause, hatten Angst um unser Hab und Gut. Fragten uns oft, wie es den anderen wohl auf der Reichenau geht."...

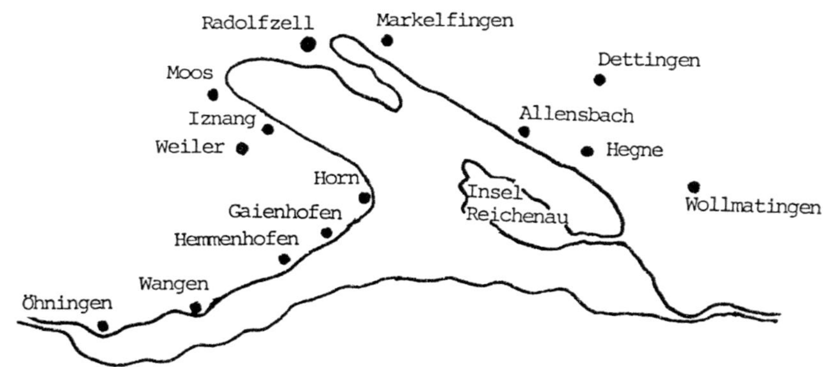

Evakuierungsorte für die Reichenauer

"Wir mußten nach Wollmatingen zu Verwandten, die wir kaum kannten. Es war furchtbar eng, da in dem Haus noch andere Familien untergebracht wurden. Ich mußte dann immer bei unseren Nachbarn bei der Arbeit im Haus und auf dem Feld helfen. Dafür bekam ich dann etwas Verpflegung, um für meine Kinder und mich zu sorgen. Es waren keine guten Zeiten, doch die Hausbesitzer nahmen uns bereitwillig auf." (Anna H.)

"Wir liefen nach Allensbach, wo viele Leute auf der Straße standen und neugierig schauten, wer alles kommt. Eine Frau fragte mich, wohin ich gehe. Ich sagte nur, daß ich nicht wüßte wohin, ich würde nur einen Schuppen oder so suchen, wo ich mit meinem Kind die Nacht verbringen könnte. Eine Frau fragte mich nach meinem Namen, und dann durfte ich bei ihr bleiben."

Die übrigen Vertriebenen wurden vom Landratsamt aufgeteilt: Nach Allensbach 120, Wollmatingen 300, Hegne 40, Dettingen 60, Markelfingen 60, Iznang 20, Horn 20, Weiler 15, Gaienhofen 30, Hemmenhofen 15, Wangen 30, Öhningen 80 und Moos 20. Vor allem die Gemeinde Hegne wehrte sich gegen die Aufnahme, weil dort schon so viele andere Flüchtlinge untergebracht waren. Mitte und Ende Juni konnten je 200 arbeitsfähige Bauern, Männer und Frauen, wieder zurückkehren. Bei der Zusammenstellung der Listen achtete man darauf, daß ein Erwachsener bei den Kindern blieb. Auch ein Austausch zwischen vertriebenen und zurückgebliebenen Personen war möglich. Mitte Juli konnten noch einmal 400 Personen zurück, allerdings nicht immer in die eigenen Wohnungen. Die letzten hundert kehrten erst im Herbst zurück.

(Zahlen: Stadtarchiv Konstanz, S II 9476)

L i s t e

der Personen die in der Jnsel verbleiben dürfen

Strandhotel:	Direktor ohne Familie mit 20 Angestellten
Hotel:	Kaiserpfalz: Böhler Erwin mit 6 Personen
	Mohren: Frommherz Franz mit 7 Personen
	Bären: Kern Mathias mit 3 Personen
	Schiff: Dörr Jakob mit 2 Personen
	Kreuz: Richard Prinz mit 2 Personen
	Seeschau: Roser Karl mit 3 Personen
Post:	Koch Thekla
Schmiede:	Wieser 3 Personen
Gemeindeverwaltung:	Bürgermeister Honsell mit Familie 6 Personen
	Bürgermeisterstellvertreter Karl Beck mit Familie 4 Personen
	Doris Hornstein
	Gertrud Spicker
	Heinrich Stader mit Familie 3 Personen
	Hilde Blessing
	Polizei-Mayer Richard
	Oskar Tschudin
	~~Knoch Franz und Frau~~
Abt. Gemüsebau:	Maier Hans 3 Personen
	Wehrle Baptist 5 Personen
Ärzte:	Dr. Flesch 3 Personen
	Dr. Glöckler mit Familie 4 Personen
	Dr. Stäuber 2 Personen
	Dr. Prof. Hahn 2 Personen
Pfarrer:	Berenbold mit 3 Personen
	Neugart mit 3 Personen
	Andris mit 3 Personen
Altersheim:	mit Jnsassen 35 Personen
Schiffbauer:	Beck Jsidor 6 Personen
	Die Einwohner des Hauses "La Baraque" 8 Personen

Gärtner oder Gärtnerinnen: 400 im Ganzen, vom Gemeinderat ernannt.

Liste der Personen die in der Jnsel bleiben dürfen.

Schloß Königsegg:	Hohner Walter
	Hohner Elfriede
	Hohner Brigitte
	Schenker Anna
	Pfandor Wilhelm
	Pfandor Eugenie
	Bosse Paula
	Schuler Ludwig
Kaufleute:	Joh. Bapt. Huber, Weinhändler mit 2 Personen
	Oskar Spicker, Metzgermeister mit 3 Personen
	Lothar Ganz, Metzgermeister, mit 3 Personen
	Rupert Stader, Bäckermeister mit 2 Persoxnen
	Jda Stader Wwe, Bäckermeister mit 2 Personen
	Konrad Locher, Kolonialwaren mit 2 Personen
	Hermann Sauter, Kolonialwaren, mit 2 Personen
	Jakob Koch, Schneidermeister mit 1 Person
	Josef Weltin, Schuhmachermeister mit 2 Personen
	Emil Wunderle, Elektromeister mit 1 Person
	Stengele-Böhler, Gemüsegroßhändler mit 5 Personen
	Richard Prinz, Gemüsegroßhändler mit 3 Personen
	Albis Bernhard, Gemüsegroßhändler mit 3 Personen
	Hermann Deggelmann, Gemüsegroßhändl. mit 3 Personen
	Josef Deggelmann, Gemüsegroßhändler mit 3 Personen

Der Bürgermeister
der
Stadt Radolfzell
am Bodensee.

Radolfzell, den 9. Juli 1945.

Die in Radolfzell anwesenden Reichenauer Bürger begehren dringend nach Hause. Über die Gründe dieser Dringlichkeit brauche ich kein Wort zu verlieren.

Ich ersuche, endlich dafür besorgt sein zu wollen, daß diese bedauernswerten Menschen in die Heimat können, um nach ihren Sachen zu sehen und ihre Grundstücke bebauen zu können. Sie sind ja mit einer notdürftigen Unterkunft zufrieden, wenn sie nur wieder in die Heimat könnten und nach ihren Sachen sehen.

An den
Herrn Bürgermeister
Insel Reichenau.

Bl/F.

Die Armee und die KZ-Häftlinge aus Dachau

Das Ende in Dachau

Die auf der Insel Zurückgebliebenen durften vom 19. bis 21. Mai tagsüber nicht auf die Straße oder auf die Felder und sich auch nicht am Fenster zeigen. Sie sollten die Ankunft der Neuankömmlinge nicht beobachten können.

Die Reichenau ebenso wie die Mainau waren für französische Deportierte aus dem KZ Dachau bestimmt, die sich hier erholen sollten, bevor sie die Heimreise antraten. Das Ganze ist eine persönliche Entscheidung des Oberkommandierenden der 1. Französischen Armee, General de Lattre de Tassigny, der am 8. Mai für Frankreich in Berlin die deutsche Kapitulation entgegengenommen hatte. In seinem Buch "Histoire de la Première Armée francaise Rhin et Danube" von 1949 beschreibt er kurz die Rückführung der Deportierten in "die Ruhe, den Komfort und die Schönheit" der beiden Inseln und nennt die wichtigsten Beteiligten. Er spricht von 8.000 Betroffenen, von denen die meisten nach wenigen Tagen nach Frankreich weitergeleitet werden konnten, während etwa 2.000 gesundheitlich besonders Angeschlagene auf der Mainau, in Sanatorien im Schwarzwald oder in der Heil- und Pflegeanstalt Emmendingen länger verweilen mußten.

Nach der Befreiung Dachaus durch die Amerikaner am 29. April 1945 mußten an die 30.000 Häftlinge weiterhin im Lager bleiben, wenn auch unter anderen Bedingungen. Sie konnten z.B. in die Baracken der SS umziehen. Solange der Krieg noch andauerte, fehlte es an Transportkapazitäten; man hatte Angst, die befreiten Häftlinge würden plündernd durch die Gegend ziehen, falls man sie einfach laufen lasse. Und vor allem, in der katastrophalen Schlußphase des Krieges waren in Dachau Typhus und Dysenterie ausgebrochen. Die Amerikaner verhängten daher eine Quarantäne über das Lager und erließen strenge Lagerordnungen, konnten aber nicht verhindern, daß nach der Befreiung noch über 2.000 ehemalige Häftlinge im Lager starben. Am 12. Mai änderten die Amerikaner das System: Kranke mußten bleiben, die anderen konnten eine 14tägige Quarantäne auch woanders absolvieren.

Die Einzelheiten für die französischen Häftlinge ergeben sich aus dem offiziösen Bericht "Le rapatriement des déportés par la Ière Armée von 1947." De Lattre de Tassigny hatte zunächst Lastwagen mit Lebensmitteln nach Dachau schicken lassen, was den Amerikanern gar nicht paßte, und dann den Artilleriegeneral Devinck zu Verhandlungen mit dem amerikanischen General Patch nach Augsburg entsandt. Die Vereinbarung kam am Abend des 15. Mai zustande, eine weitere Vereinbarung über andere Lager in der amerikanischen Zone mit General Patton am folgenden Tag in Regensburg. Vor dem Ende der Quarantäne am 25. Mai durften die französischen Häftlinge nicht nach Frankreich gebracht werden, sondern lediglich in die französische Zone. Noch in der Nacht zum 16. Mai ordnete de Lattre de Tassigny, der sein Hauptquartier in Lindau hatte, die Unterbringung in der Bodenseegegend an, mit einem "Maximum an Komfort und Pflege". Einen Tag später wurden die Reichenau und die Mainau requiriert und geräumt. Den Franzosen war dieser amerikanische Vorbehalt gar nicht unlieb, weil in dem darniederliegenden, ausgebluteten Frankreich eine plötzliche Unterbringung von tausenden kranker Häftlinge gar nicht leicht zu bewerkstelligen war, während dies in der besetzten Zone nach Besatzungsrecht viel einfacher war. Die von den Amerikanern angebotenen Flugzeuge wurden daher nur für den Rücktransport von Gesunden nach Frankreich eingesetzt.

In Dachau selber befanden sich im April 1945 über 5.000 "politische" Häftlinge aus Frankreich (Widerstandskämpfer, Opfer von Razzien, Nacht- und Nebelaktionen etc.), zwei Tage nach der Befreiung waren noch 3.700 Franzosen da. Im Außenlager Allach (BMW-Werke) bei München waren 1.640 Franzosen, diese in etwas besserer Verfassung. Sie wurden im Mai von General Leclerc besucht. Einbezogen wurden auch noch Häftlinge aus anderen Lagern in Bayern sowie aus Mauthausen. In der Lagergesellschaft des KZs hatten die Franzosen einen schweren Stand gehabt. Sie galten als wenig robust. Wegen der mangelnden Sprachkenntnisse blieben ihnen bessere Arbeitskommandos versagt, ihnen blieben oft nur die unangenehmsten und schweren Arbeiten übrig. "Frankreich hat in seinen sterbenden Söhnen in Dachau einen hohen Preis bezahlt", schrieb der ehemalige Häftling Joseph Joos schon 1946. In dem befreiten Lager vom Mai 1945 fielen die Franzosen durch ständige Reibereien mit den Amerikanern auf, ob es nun um die französische Fahne oder französische Lebensmittelspenden oder ihre Rolle im Internationalen Häftlings-Komitee ging.

"Zwei kleine Inseln im Bodensee ..."

In dem französischen Armeebericht heißt es: "Die Organisation der Pflegezentren bildet den Gegenstand besonderer Sorgfalt. Die Region Konstanz, die unversehrt geblieben ist, mit ihren zahlreichen und abwechslungsreichen Möglichkeiten, ihren malerischen Örtlichkeiten wird ausgewählt, und zwei Inseln werden sogleich festgehalten, die Insel Mainau (45 Hektar) mit einem eingerichteten Schloß - und einem prächtigen Park. Bei hellem Sonnenschein ist der Ort entzückend und ganz besonders erholsam - und die Insel Reichenau (5 km lang auf 1 1/2 km Breite) mit zahlreichen Hotels ... sie gilt als der Garten der Stadt Konstanz.

Alle komfortablen Wohnmöglichkeiten werden auf der Stelle beschlagnahmt. Eine reichliche Verpflegung wird bereitgestellt. Das einfache Hilfspersonal stellt die Bevölkerung der Inseln: Köche, Bäcker, Metzger, Friseure, Hotelpersonal etc. Ein Unterhaltungsprogramm ist vorgesehen ... Das medizinische und das Pflegepersonal richten sich ein. Innerhalb von 24 Stunden sind diese beiden Pflegezentren in der Lage, Hunderte von kranken wie gesunden Deportierten aufzunehmen. So einfach war das alles, eine beachtliche logistische Leistung, die aber auch zu dem selbstherrlichen Stil von de Lattre de Tassigny paßt. Anschließend wurden Sanatorien im Schwarzwald für die Unterbringung von tuberkulosekranken Häftlingen beschlagnahmt.

Die auf der Reichenau und der Mainau ergriffenen Hygienemaßnahmen erklären, warum man gerade die beiden Inseln wegen ihrer Isolierungsmöglichkeiten ausgewählt hatte. Der erste Konvoi von Sanitätslastwagen startete am 17. Mai in Richtung Dachau. Am 18. Mai traf der erste Transport auf der Mainau ein, als erste wurden kranke, aber transportfähige Häftlinge abgeholt. Sieben Häftlinge

NOTE.—To be *securely* tied to patient's clothing over breast. To contain field medical card and any other clinical record relative to patient.

Army Serial No. 72843

Surname Christian Name

Perrotton, Charles

Grade Co. Regiment or Staff Corps

French Civ

Date of first admission to sick report 26 MAY 1945

Diagnosis (brief)

Typhus.

(Check words applicable)

☐ Sick ☐ Slight ☐ Walking case
☐ Wounded ☐ Severe ☐ Sitting case
☐ Gassed ☐ Lying case

Special attention needed in transit, or other remarks:

Copy of this F. M. R. was forwarded with the S. & W. report of ________________ Hosp. No. ________ for the month of ________________, as required in cases on sick report longer than one month.

Form 52d
Medical Department, U. S. Army
(Authorized June 22, 1920)

16—20821-1 ☆ GPO

Begleitschein zum Transport von Dachau zur Reichenau

waren bei der Ankunft auf der Mainau tot. Der französische Kulturoffizier Georges Ferber, ein Lehrer und Zivilist in Uniform, der mit den ersten französischen Truppen nach Konstanz kam, hat die Ankunft dieser Jammergestalten aus Dachau im Park des Konstanzer Sanatoriums Büdingen beschrieben, von wo aus sie offensichtlich auf Reichenau und Mainau verteilt wurden. Bis zu 500 Personen täglich wurden nun von Dachau an den Bodensee gebracht. Für thypuskranke Häftlinge richtete die Armee auch auf der Reichenau eine Isolierstation ein, das Evakuierungskrankenhaus Nr. 413. Es befand sich im Altersheim und umfaßte etwa 20 Betten (Bericht Perrotton). Die nicht Transportfähigen mußten noch in Dachau zurückbleiben.

Das das Eisenbahnwesen in Deutschland nicht funktionierte, traf die französische Armee eine Vereinbarung mit dem Sanitätsdienst der Schweizer Armee über die Rückführung der Deportierten in Sanitätszügen über Schweizer Gebiet nach Frankreich. Nach Ablauf der amerikanischen Quarantäne startete der erste Zug mit 500 Franzosen von der Reichenau am 25. Mai am Bahnhof Konstanz. Eine Abordnung der Schweizer Armee erschien und erwies den französischen Deportierten militärische Ehren und spielte die Marseillaise. Auf den Bahnhöfen in der Schweiz waren Französische und Schweizer Fahnen gehißt, Kinder mit Blumen zur Begrüßung erschienen.
(Bericht Jean Nouraud).

Die französische Öffentlichkeit wurde durch einen Artikel in der Tageszeitung "Le Monde" vom 20./21. Mai 1945 informiert. Die Rede ist von speziellen Quarantänelagern am Bodensee: "Man hat alle deutschen Bewohner von zwei Inseln am westlichen Ende des Bodensees evakuiert. Hier auf diesen Inseln, inmitten einer bezaubernden Landschaft, werden die Deportierten Kraft und Gesundheit wiederfinden, während sie auf das Ende der Quarantäne

Armeekorps

Formblatt 5
zu H. Dv. 1938, Z. 46

Krankenblatt

Berichtsjahr 19 ....

.... (Haupt-) Krankenbuch Nr. .... Abt.-Krankenbuch Nr. ....

.... " " Nr. .... " Nr. ....

(Lazarett, Krankenrevier) .... " " Nr. .... " Nr. ....

Krankheitsbezeichnung: Convalescent de Typhus exanthématique. Phlébite membre infr gauche.		**Krankheitsnummer:**
Name – Familien-	PERROTTON n. 1613	Zugang am 6.7.6.45
Name – Ruf-	Charles	woher? .... überwiesen, ausgeschifft, verlegt am ....
Dienstgrad	français	wohin .... überwiesen, ausgeschifft, verlegt am ....
Truppenteil	né à Arbois (Jura)	wohin .... überwiesen, ausgeschifft, verlegt am ....
Geburt – Tag, Monat, Jahr		wohin ....
Geburt – Ort	24.7.24 21 ans	entlassen
Geburt – Kreis		am .... wie ....
Diensteintritt	Dachau	wohin .... (Truppenteil)
Religion	Catholique	
Bürgerlicher Beruf		Gesamtzahl der Behandlungstage ....
Nächste Angehörige u. deren genauer Wohnort (auch Str. u. Haus-Nr.)	M et Mme Perrotton Jean, 6 Rue de Courcelles Arbois (Jura)	

Wehrdienstbeschädigung von dem Kranken behauptet? ja — nein

Wehrdienstbeschädigung ist: gemeldet am .... an ....
nicht gemeldet, da zu geringfügig

W. D. B.-Liste war vor Lazarettaufnahme bereits angelegt

Karl Widmaier, Hamburg 36

warten. Sie werden in Dörfern untergebracht werden und werden eine gewisse Bewegungsfreiheit genießen." Während seines Inspektionsbesuches bei der 1. Armee in Deutschland kam der Chef der Provisorischen Regierung, General de Gaulle, am 21. Mai zu einer Militärparade nach Konstanz. Bei dieser Gelegenheit wurde er über die Evakuierungsaktion informiert (Le Monde vom 23. Mai 1945), er war aber selber wohl nicht auf der Mainau oder Reichenau. Vermutlich wollte man dem Regierungschef auch nicht DDT ins Hemd blasen. Die genauen Zahlen schickte ihm de Lattre de Tassigny am 27. Mai in einem Telegramm. Von den 5.000 Franzosen in Dachau und Allach konnten 1.000 direkt in das Aufnahmezentrum Mülhausen im Elsaß geleitet werden. An den Bodensee kamen also 4.000, von denen 2.500 nach Ablauf der Quarantäne über die Schweiz nach Frankreich reisen konnten, während 1.500 wegen ihres schlechten Gesundheitszustandes am Bodensee zurückbleiben mußten. In einem Tagesbericht zum 1. Juni schrieb General Devinck, daß zwischen 28. Mai und 1. Juni 2.760 Deportierte und Kriegsgefangene von Konstanz über die Schweiz ausgereist waren, daß sich auf der Reichenau noch 80 gesunde Deportiere befanden, die ihren Aufenthalt verlängern wollten, und daß ein Konvoi von 31 Sanitätsautos in Dachau noch 140 Kranke abholen sollte. Zu seinem Vorschlag, die ganze Insel den Einwohnern bald zurückzugeben, schrieb de Lattre de Tassigny an den Rand: "Nein, aber instandsetzen".

Offizieller Besuch

Am 26. Mai verbrachten de Lattre de Tassigny und seine Frau, begleitet von Journalisten, einen ganzen Tag bei den ehemaligen Häftlingen auf der Mainau und der Reichenau. Es führten sie General Devinck und Frau Gautier vom Schweizer Roten Kreuz, alle mußten durch die DDT-Dusche. Der General schüttelte allen Deportierten die Hand, was

(General de Lattre de Tassigny zu Besuch bei den befreiten Häftlingen vor dem „Löchnerhaus", 26. Mai 1945 Archiv Maréchal de Lattre, Paris)

diese sehr beeindruckte. Frau de Lattre hielt später ihre Eindrücke fest: "Die Männer sahen alle aus wie rachitische Heranwachsende mit hervortretendem Kiefer, unproportionierten Gliedern, riesigen Augen. Die wenigen Frauen sehen noch ermbärmlicher aus, graue Haut, schlaffe Brust, farblose Haare, stumpfer und verschwommener Blick. Unterwegs notierte ich Adressen, Empfehlungen. Manche hatten seit Jahren jeden Kontakt mit ihren Familien verloren. Es war gespenstisch." Dabei waren die Sängergruppe "Les Compagnons de la Musique" aus Lyon, die sich später "Compagnons de la Chanson" nannte, und eine litauische Folkloregruppe. Diese wurde von de Lattre de Tassigny auch später noch gefördert, zu ihr gehörte der spätere Präsident Litauens Landsbergis. Begeistert berichtete die kommunistische Zeitung "L'Humanité", deren Chefredakteur bei dem Besuch dabei war, am 30. Mai über die Aktion der 1. Armee für die Deportierten. Besuchsmöglichkeiten für die Angehörigen wurden ebenfalls angekündigt. Zugleich war dies ein Anlaß, die Passivität des französischen Ministeriums für Kriegsgefangene und Deportierte zu kritisieren. So wurden die Reichenau und die Mainau gleich in die französische Parteipolitik hineingezogen.

Nach dem Besuch auf der Reichenau fuhr die Gruppe zur Mainau, wo sie beim Mittagessen mit den Ärzten des französischen Sanitätsdienstes zusammentrafen, die ihnen ihr Behandlungskonzept erläuterten: "Sehr oft geht es darum, den Organismus wieder an eine dosierte und regelmäßige Ernährung zu gewöhnen. Wie bei Säuglingen muß man ihnen sehr wenig auf einmal geben, und dies alle zwei oder drei Stunden. Nahezu alle sind nicht in der Lage, sich aufrecht zu halten oder auch nur zu sitzen .... Wenn sie plötzlich und ohne Übergang wieder ein normales Leben mit normaler Nahrung führen würden, bedeutete dies für die Mehrzahl unter ihnen ein brutales Ende." Die deutschen Augenzeugen sahen dies anders, danach sind die Häftlinge nicht nur an Entkräftung, sondern auch an falscher und zu reichlicher Ernährung gestorben. (H. Raff)

(Gerneral de Lattre de Tassigny zu Besuch bei den französischen KZ-Häftlingen auf der Insel Mainau, 26. Mai 1945)
(aus: Du Tchad au Danube)

Nach dem Mittagessen sammelten sich die Besucher auf dem Friedhof, der am Südostufer der Insel angelegt worden war. Die ersten Toten waren mit militärischen Ehren und im Beisein eines französischen Bischofs beigesetzt worden. Der Sohn des Gartendirektors amtierte als Ministrant. Insgesamt sind 33 Häftlinge auf der Mainau gestorben und dort beerdigt worden.

Anschließend besuchte de Lattre des Tassigny mit seiner Frau die Kranken im Schloß. Wichtig war ihm, die Familien zu informieren und für Besuchsmöglichkeiten zu sorgen. Die Kräftigsten versammelten sich im unteren Saal und auf der Vortreppe, wo der General zu ihnen sprach. Einige Häftlinge trugen noch ihre gestreifte Kleidung aus Dachau, andere deutsche Uniformen, die man als Notbehelf in irgendeinem Magazin aufgetrieben hatte.

Hier traf de Lattre de Tassigny auf Bekannte aus der Kriegszeit. Beim Einmarsch der Deutschen in die freie Zone Südfrankreichs im November 1942 war er, damals Kommandeur der XVI. Militärregion in Montpellier, wegen "gaullistischer Neigungen" und Widerstandes gegen die Deutschen in das Militärgefängnis von Toulouse gesteckt und abgeurteilt worden, bevor er nach Nordafrika flüchten konnte. Als bekannt wurde, wer der neue Häftling war, sangen die Mitgefangenen die verbotene Marseillaise. Auf der Mainau traf er sie und andere Kriegsgefährten wieder. In pathetischem Ton würdigte das "Bulletin d'Information" Nr. 181 der 1. Französischen Armee vom 31. Mai 1945 diese Zusammenhänge unter dem Titel "Die Erste Französische Armee empfängt die Deportierten von Dachau":
"Zwei kleine Inseln im Bodensee sind ausgewählt worden, um diejenigen aufzunehmen, die über alle Maße gelitten haben; zwei friedvolle und liebliche Zufluchtsorte in einer liebenswerten Natur unter einem festlichen Licht.

Um ihre so erschöpften, so schmerzlichen Körper auszuruhen, haben die Deportierten helle und saubere Wohnräume gefunden. Um sich wiederzufinden und um die Heimreise nach Frankreich aufzunehmen, waren freundliche Helfer da, Mitstreiter von gestern, um ihre Schritte zu stützen und um auf ihre ersten Worte zu antworten; Frauen vom Roten Kreuz, um sie zu pflegen und mit ihnen über die bevorstehende Rückkehr, über die Genesung, über die Familie zu sprechen. Am Eingang dieser Inseln des prophezeiten Glücks hatte die Erste Französische Armee, die den Empfang organisierte, ihre Willkommensgrüße auf schönen, hellen Tafeln ausgedrückt, die von den Nationalfarben umrandet waren und auf denen stand: "Frankreich, dem Ihr soviel gegeben habt, erwartet Euch und liebt Euch." So begann die erste Wegstrecke der Deportierten in Richtung Frankreich ...."
"... Die 1. Französische Armee, die voll und ganz hinter ihrem Chef, General de Gaulle, steht", sagte de Lattre de Tassigny, "hat sich für die Größe Frankreichs geschlagen; und sie wurde in allen ihren Kämpfen von dem beständigen, dem glühenden Willen getragen, Eure Rückkehr zu beschleunigen." Auf den armen Gesichtern der Zuhörenden, die von Vertrauen und Liebe überwältigt waren, flossen ohne Scheu und Beschämung Tränen. Als Antwort an den General sangen die Deportierten die Nationalhymne, wie sie ohne Zweifel noch nie zuvor gesungen worden war."
Frau de Lattre notierte zu diesem Tag: "Niemals werde ich das Lächeln dieses jungen 20jährigen Juden vergessen, einer der wenigen, die aus Auschwitz gerettet wurden, der einzige Überlebende seiner ganzen Familie und gerade noch 18 kg schwer, wie er die Orange, die ich ihm reichte, betrachtete und mit Begeisterung streichelte ... Der Alptraum dieses Tages unter den Deportierten sollte mich noch lange verfolgen."

Auch auf der Mainau trat die Gruppe aus Litauen mit Chören und Tänzen auf, es wurde Chopin gespielt und ge-

tanzt, und die "Compagnons de la Musique" boten Sketche und "Le Chant des Partisans". Ein ehemaliger Häftling berichtete, Edith Piaf habe mit der Gruppe schon auf der Mainau das Lied "Les trois Cloches" gesungen wie später noch oft, doch gibt es keine Belege dafür.

In der Begleitung von de Lattre de Tassigny befand sich auch Yves Farge, ein Widerstandskämpfer und jetzt Commissaire de la République (Vertreter der Regierung) für die Region Rhône-Alpes (Lyon). Zwei Tage später berichtete er im Rundfunk von Lyon über das, was er gesehen hatte. Die Region Rhône-Alpes war offensichtlich dazu bestimmt worden, die Infrastruktur für die Spitäler Reichenau und Mainau zu stellen. Busse mit Ärzten und Krankenschwestern waren von dort durch die Schweiz an den Bodensee gefahren. Eine Luftbrücke zwischen Savoyen und Friedrichshafen war in Vorbereitung. Die Nachrichtenverbindung zwischen den kranken Deportierten am Bodensee und ihren Angehörigen wurde so organisiert, daß die Telegramme täglich von Konstanz nach Straßburg gebracht und dort aufgegeben wurden. Auch die Besuchsmöglichkeiten für die Angehörigen konnte Farge im Prinzip ankündigen.

Ein Problem stellte sich auf der Reichenau wie schon zuvor in Dachau und später in Paris bei der Rückkehr der Deportierten: unter den französischen Häftlingen in Dachau befanden sich auch Kriminelle, die zur Strafverschärfung nach Dachau überstellt worden waren, und bei Kriegsende versuchten auch freiwillige Zivilarbeiter in Deutschland oder gar Freiwillige der Waffen-SS unter den heimkehrenden Deportierten unterzutauchen. Und so wurde auch auf der Reichenau ein Franzose aus dem Krankensaal heraus von der Militärpolizei verhaftet. (Bericht Perrotton)

(De Lattre de Tassigny S. 620 f. de Lattre, Reconquérir, S. 324. Ferber, S. 28 f. Le rapatriement des déportés par la Ière Armée, 1947. La Première Armée Francaise recoit les déportés de Dachau, 1945. Joos, S. 114 f. Michelet S. 255-261. Benz. S. de Lattre, Bd. 2, S.23-26)

Das Leben auf der Insel

All dies konnten die Reichenauer nicht wissen. Spekulationen blühten, und sie kursieren heute noch.

Einige vermuteten, die Reichenau sei mit der Heil- und Pflegeanstalt (heute Psychiatrisches Landeskrankenhaus) auf dem Festland verwechselt worden, andere, es handle sich um einen französischen Racheakt, weil die Reichenauer kurz vor der Besetzung den aus Frankreich weggeführten französischen Wein verteilt und konsumiert hatten, andere einen Racheakt, weil im Sommer 1944 mehrere alliierte Piloten nach einer Notlandung im Wollmatinger Ried völkerrechtswidrig erschossen worden waren. Schließlich wurde die Nähe zur Schweiz ins Spiel gebracht, als ob die Franzosen auf diese Weise die Flucht von prominenten oder kriminellen Nazis verhindern wollten. Im Rückblick des Südkuriers vom 18. Mai 1955 tauchte ebenfalls die Verwechslung mit der Heil- und Pflegeanstalt als Erklärung auf.

Für die auf der Insel Zurückgebliebenen oder die bald Zurückgekehrten war das Leben schwierig geworden. Die in Oberzell untergebrachten Bauern durften ihre eigenen Häuser nicht mehr betreten, für das in Oberzell konzentrierte Vieh suchte der neue Bürgermeister Honsell vergeblich ein Stromeyer-Zelt zu organisieren, die Franzosen hatten bereits alle Zelte der Wollmatinger Fabrik requiriert. "Später mußten unsere Kühe in den großen Schuppen in Oberzell. Auch anderes Vieh, das von den Evakuierten stehengelassen war, brachten wir dorthin, weil sich niemand um es kümmerte. Es hat sich aber gesträubt und alle Viere von sich gestreckt, aber die Ziegen z.B. steckten wir einfach in große Körbe und transportierten sie so."

Abschrift.

19.Mai 1945.

Befehl.

1.) Alle Gemüsebauern der Insel Reichenau, die auf der Insel bleiben dürfen, müssen unbedingt in das ihnen bestimmte Viertel (südlich Oberzell).
2.) Die Kaufleute, Hoteliers und Gemeindeangestellten, die auch bleiben dürfen, können in ihrer Wohnung bleiben, aber höchstens in zwei Zimmern.
3.) Die Bauern, die ihr Feld nicht in Oberzell haben, können während des Tages in allen Teilen der Insel arbeiten, aber es ist ihnen unbedingt verboten ihr Haus zu betreten.
4.) Die Arbeit auf der Insel wird von Herrn Johann Paul Honsell organisiert und geleitet im Einverständnis mit der französischen Behörde.
5.) Ausgangverbot ist von 22 Uhr bis 5 Uhr, aber nur auf der Insel.
6.) Jeder Verstoß gegen obige Anordnungen und Evakuierung wird mit Haft bestraft.

der Kommandant S.M.inKonstanz.

Der für heute gegebene Befehl des Ausgangverbotes von morgens 9 Uhr bis abends 9 Uhr gilt für morgen Sonntag, den 20.Mai.

Kirche findet in allen drei Pfarreien morgen 6.30 Uhr statt.

Die aufgefundenen Fahrräder und Anhänger müssen beim Bürgermeisteramt (Schulhof) abgegeben werden.

Der Bürgermeister.

Das Kommando auf der Insel hatte zunächst der Militärarzt Lenck, der den Stempel "Centre d'Accueil de l'île de Reichenau" führte, danach der Militärarzt Moutier. Für die Grußpflicht galt: "Die französischen Fahnen sind beim Aufziehen und Einholen durch Hutabnehmen zu grüßen. Ebenso sind vorbeiziehende Fahnen zu grüßen." (Rundschreiben vom 4. August). Auch Franzosen durften nur mit besonderer Genehmigung die Insel betreten. Die Stadt Konstanz mußte eine Schranke als Verkehrssperre liefern. Vor allem aber wurde auf dem Damm zum Festland wegen der Seuchengefahr eine Hygieneschranke in Form einer Pulver-Dusche eingerichtet. Die befreiten Häftlinge aus Dachau mußten bei der Ankunft dort hindurch, die Lastwagenfahrer, die Wäsche oder Lebensmittel auf die Insel brachten, bei der Rückkehr. Drei Mal in der Woche konnten die Bauern Gemüse nach Konstanz liefern, mußten das Gemüse aber 800 m nach der Brücke abladen und durften nicht in Kontakt mit den Empfängern aus Konstanz treten. Am Bruckgraben konnten die Reichenauer ihren vertriebenen Angehörigen manchmal Lebensmittel und Kleidung übergeben. Anfang August wurde diese Möglichkeit verboten: "Es kann nicht verantwortet werden, wenn bald die halbe Konstanzer Bevölkerung sich am Bruckgraben versammelt und zusieht, wie einzelne Bevorzugte ganze Kisten und Säcke voll Gemüse erhalten. Wenn weiterhin noch Gemüse am Bruckgraben angefahren wird, wird vor dem Bruckgraben dasselbe ohne Entschädigung beschlagnahmt." (Rundschreiben 2. August)

Die Inselbewohner wurden drei Mal gegen Thypus geimpft, die Häuser desinfiziert. Zum "Heuen" auf dem Festland im Juni wurden die Bauern im Lastwagen im geschlossenen Konvoi hingebracht und zurückgeholt und mußten dabei ebenfalls durch die Puderdusche. Die Heuwagen zum Abholen mußten ebenfall geschlossen hin- und zurückfahren: "Es muß die rechte Straßenseite scharf eingehalten werden."

Rundschreiben vom 15.6.1945

Samstag den 16.6.1945 findet von 9 - 11 Uhr 1., 2., und 3. Impfung im Rathaus statt. Es haben alle Jnselbewohner, die noch nicht 3 mal geimpft sind, zu erscheinen.
Gleichzeitig sind daselbst die Passierscheine für das Heuen auf dem Festlande sowie die Radfahrbescheinigungen für die Jnsel zu empfangen.
Wer zusätzliche Arbeitskräfte zum Heuen auf dem Festlande gebraucht, wolle dies auf dem Bürgermeisteramt dabei angeben.
Das Heuen ausserhalb der Jnsel beginnt am Montag den 18. Juni 1945. Die Heuer (Mäher und Frauen) werden mit Lastautos an die Arbeitsstätte gefahren. Das Lastauto von Alois Bernhard fährt 5 Uhr 15 von Unterzell -Mittelstraße Ende- ab, das Lastauto Stengele 5 Uhr 25 vom Mohren und das Lastauto Prinz 5 Uhr 35 vom Kreuz ab. Stengele fährt diejenigen Heuer, welche über Hegne hinausfahren, Bernhard und Prinz die nach dem Stockwald und nach den Zügen fahren. Die Autos haben geschlossen abzufahren und abends auch geschlossen zurückzukehren. Die Rückfahrtzeit muss mit den Fahrern vereinbart werden. Am Dienstag sind die Heuwagen mit den vorhandenen Gespannen mitzunehmen.
Die Wagen müssen vormittags geschlossen hinausfahren. Abfahrtszeit 7 Uhr 3o vormittags vom Kreuz. Heimkehr gesammelt nach Vereinbarung. Es muss die rechte Straßenseite scharf eingehalten werden.

Der Bürgermeister.

Kuk mäint

"Einem nach dem anderen wurde mit einer Art Blasebalg der Puder ins Hemd geblasen. Erst dann durften wir die Insel verlassen. Welchem Zweck dies diente, wurde uns nicht gesagt, man sagte uns nur, daß wir von den KZ-lern verseucht seien. Als wir dann wieder vom Heuen zurückkamen, mußten wir nicht in die Poudrage."

Ende Juni ordnete die Militärregierung in Konstanz wie in der übrigen Besatzungszone eine Kleidersammlung im ganzen Landkreis an. Für ehemalige französische Deportierte und Kriegsgefangene mußten guterhaltene Zivilanzüge, Wäsche und Schuhe abgeliefert werden. Nach "Le Monde" vom 21. Juni ging man in Paris davon aus, de Lattre werde 300.000 - 400.000 Anzüge abliefern. Auf der Reichenau wurden nur diejenigen dazu verpflichtet, die in eigenen Häusern wohnten. Sie lieferten für etwa 60 Männer Kleider ab, doch erreichte Bürgermeister Honsell, daß diese Spende nicht an die Franzosen, sondern an evakuierte Reichenauer und zurückkehrende Soldaten von der Reichenau ging.

Welche Erfahrungen machten die Reichenauer mit dem französischen Militär und den befreiten Häftlingen? "Zuerst kamen Amerikaner und Marokkaner und das französische Rote Kreuz, dann die Franzosen. Sie wohnten in den Hotels und im RAD-Lager im "Käppele"... Bei uns im Haus war das Rote Kreuz. Sie haben alles gestohlen und kaputtgemacht. Auch die Sachen, die wir versteckt hatten, Wäsche, Nähmaschinen, Uhren etc., haben sie gefunden und nach Frankreich zu ihren Familien geschickt. Aber auch die Reichenauer haben gestohlen. Später kamen dann Frauen aus dem KZ in Dachau in die Hotels mit geschorenen Köpfen. Sie haben immer nur geweint, weil sie niemanden mehr hatten ... Man durfte nie ins Haus, und als sie wieder weg waren, war alles total heruntergekommen. Manchmal bekamen wir Suppe aus dem "Löchnerhaus" oder Zucker und Fleisch vom Bäcker." (Johanna R.)

Iere ARMEE FRANCAISE

GOUVERNEMENT MILITAIRE DE L'ILE DE REICHENAU

04614

CONSIGNES DU POSTE DE GARDE DE L'ILE DE REICHENAU

-o-o-o-o-o-o-o-o-o-o-o-o-o-o-o-o-o-o-o-o-o-o-o-o-o-o-o-

I)- ACCES DANS L'ILE DE REICHENAU: Par ordre du Général d'Armée, Commandant en Chef, seules seront autorisées à pénétrer dans l'île de REICHENAU, où sont installés des centres sanitaires, les personnes munies d'une autorisation des autorités suivantes:

- Le Général d'armée, Commandant en Chef.-
Le Général de Brigade de la VILLEON, Gouverneur de CONSTANCE.-
- Le Médecin Général, Chef du Service de Santé de la Ière Armée Française.-
Le Médecin Colonel DAVID.-

2)- POUDRAGE: Tout visiteur sortant de l'île devra passer au poudrage ("douches") et présenter pour pouvoir franchir le poste de garde un certificat de poudrage (papier portant le cachet du Médecin Chef. Modèle ci-dessous).-

CENTRE D'ACCUEIL DE L'ILE DE REICHENAU
Le médecin-chef

3)- RAVITAILLEMENT DE L'ILE: Les camions assurant le ravitaillement de l'île ou transportant du linge pour les déportés sont autorisés à pénétrer dans l'île et à déposer leur chargement au Rathaus (magasin à vivres).- Leurs conducteurs seront soumis au poudrage avant leur départ de l'île.-

4)- ARRIVEE DES DEPORTES Al'arrivée des camions de déportés, le poste de garde fournira un Brigadier-qui conduira le convoi jusqu'aux douches)et 4 hommes en armes qui assureront l'ordre pendant le passage des déportés à la section D.D.D.

5)- SORTIE DES MARAICHERS: Les maraichers sont autorisés à sortir de l'île les Mercredi Mardi, Jeudi et Vendredi à 15 heures avec leur chargement de légumes.- Ilseront accompagnés par deux hommes en armes à 800 mètres après le pont (petite maison blanche à droite de la route) où les camions seront déchargés. Aucun contact ne doit avoir lieu entre les maraichers de l'île et les hommes qui, de CONSTANCE, viennent chercher leurs produits.-

6) PATROUILLES DANS L'ILE: Des patrouilles en armes dans l'île seront organisées à la diligence de l'officier Chef de Poste de Garde.-

P.C. le 25 Mai 1945
Le Médecin Capitaine LENCK
Gouverneur Militaire de l'Ile de REICHENAU

CENTRE D'ACCUEIL DE L'ILE DE REICHENAU
Le médecin-chef

(Übersetzung im Anhang)

"Bei uns im Haus waren KZ-Häftlinge, was wir aber erst später erfuhren. Man wußte ja gar nicht, daß es so was gab. Ganz schön naiv! Man sah immer nur Männer mit Kappen und gestreiften Anzügen. Sie waren jedoch nicht verbittert, sondern nett; sie gaben auch den Reichenauern nicht nur einmal etwas zu essen."

"Nachdem wir zurückgekommen waren, fanden wir unser Haus total verwüstet vor, Fenster eingeschlagen, Türen waren aus ihren Angeln gehoben worden. Sogar den Wein hatten sie gefunden. Außerdem wimmelte es auf der Insel von KZ-Häftlingen aus Dachau, die man sofort an ihren kahlgeschorenen Köpfen erkannte."

Es kam zu Gewaltakten, so als Anfang Juni der Arzt Prof. Dr. Hahn aus Cottubs vor dem "Bürgle" erstochen wurde, als er seine Frau vor den Übergriffen eines marokkanischen Soldaten schützen wollte. Der Täter wurde erschossen. Es entwickelten sich aber auch Liebesverhältnisse mit französischen Soldaten, auf der Insel wurden "Besatzungskinder" geboren.

Kann man von Haßgefühlen sprechen? "Naja, Haß nicht direkt, aber wir kamen uns teilweise schon gedemütigt vor. Als ich wieder einmal die Insel betrat, stand eine riesige Schlange Lastwagen auf der Allee in Richtung Konstanz. Diese Lastwagen waren mit dem Mobiliar unserer Häuser vollbepackt; und wir sollten unsere Einrichtung nie wiedersehen. Was jedoch die Krönung war, waren einige Franzosen, die sich einen Spaß daraus machten und in Hochzeitskleidern und Anzügen, die sie aus den Schränken der Bevölkerung gestohlen hatten, hämisch lachend und zum Ärger aller Reichenauer die Insel freudig verließen." Aber auch die Reichenauer selber waren keine Engel: "Es gab natürlich auch unter uns einige, die sich durch dieses Ereignis bereicherten. Nicht selten sah man

Anschlag

M I T B Ü R G E R

Heute Nacht ist an unserem Mitbürger Professor Dr. Otto H a h n ein schweres Verbrechen begangen worden, wobei er tödlich verletzt wurde. Nach Vorstellung beim Kommandanten versprach er volle Genugtuung. Der Täter wird erschossen.

Ich bitte Euch, Ruhe und Ordnung zu bewahren.

Reichenau, 3. Juni 1945

Honsell

Der Bürgermeister

DER K O M M A N D A N T DER INSEL R E I C H E N A U

Das heute Nacht an ~~Ihr~~ Eurem Mitbürger Professor Dr. Otto H a h n begangene Verbrechen wird sofort gesühnt. Der Täter wird erschossen. - Haltet weiterhin Disziplin und bewahrt Ruhe.

Der Kommandant

an anderen Bürgern Schuhe, Kleider oder andere Dinge, bei denen man sich sicher war, daß man diese jahrelang doch im eigenen Haus gehütet hatte." Da nützte es offensichtlich nicht viel, wenn Bürgermeister Honsell am 30. Mai bekanntgab: "Wie schon bekannt gemacht ist, ist das Betreten der von den Einwohnern geräumten Wohnungen verboten. Zuwiderhandlungen werden von der Kommandantur bestraft. Das Betreten der von den Abtransportierten geräumten Wohnungen ist ebenfalls strengstens verboten. Die Wohnungen werden erst desinfiziert. Nur von der Kommandantur freigegebene Wohnungen dürfen wieder betreten werden."

In einem Hirtenbrief vom 7. Juni sprach der Erzbischof von Freiburg den Reichenauern und den Bewohnern der anderen evakuierten Gemeinden seinen Trost zu. Er versprach ihnen seine Hilfe bei den französischen Behörden, zumal er ihnen bescheinigen konnte: "Dazu weiß ich, daß ihr weitaus in der Mehrzahl dem vergangenen politischen System feindselig gegenübergestanden seid und es wie eine Befreiung betrachtet habt, als die Gewaltherrschaft zerbrach ... Denkt an den Wert des Leidens, des schuldlosen Leidens namentlich, denn ihr seid unschuldig an den Verbrechen, deretwegen nun das ganze deutsche Volk büßen muß." (Girres, S. 36). So einfach war damals die Vergangenheitsbewältigung. Wenn Erzbischof Gröber, dessen Haltung zum Nationalsozialismus bis heute strittig ist, solche Sätze von der Kanzel verlesen lassen konnte, dann konnte man von den Reichenauern keine besondere Anteilnahme am Schicksal der Deportierten erwarten.

Es soll auch nicht verschwiegen werden, daß der französische Verband der Dachau-Häftlinge (Amicale des Anciens de Dachau), der die Berichte der Reichenauer Augenzeugen in der Zusammenfassung der Zeitschrift Allmende Nr. 38-39/1993 kennengelernt hat, sich bitter über die Blindheit, das mangelnde Verständnis, die Böswilligkeit dieser Berichte beklagt, über deren von Nazi-Propaganda geprägte Mentalität, die in den Deportierten nur Gauner und Kriminelle sehen will.

MALERMEISTER Fritz Weltin
DEKORATION · FLACHMALEREI
: : INSEL REICHENAU : :
GIRO-KONTO: BEZIRKSSPARKASSE REICHENAU

Allensbach
~~INSEL REICHENAU~~, DEN 24 Juni 1945
(BODENSEE)

Herrn

R. Hansell Bürgermeister.

In unserer Eigenschaft als Flüchtlinge möchte ich Ihnen folgendes unterbreiten:

1. Sehr beunruhigend u. beleidigend fühlen wir uns als einstweilige Heimatlose, wenn Sie folgendem in ihrer Eigenschaft als Bürgermeister Beachtung schenken u. Einhalt gebieten.

2. Von drei einwandfreien Personen der Reichenau wird uns mitgeteilt, dass in meiner Wohnung N°. 74 von Reichenauer Bürgern u. zwar beiderlei Geschlechts d.h. männlich u. weiblich nicht nur aus u. eingegangen, sondern auch passendes mitgenommen wird.

3. Wenn durch die Besatzung oder sonstige derzeitige Insassen der Reichenau sich derartige angeführte Übergriffe ereignen, so sind solche Dinge nicht zu begrüssen. Nicht zu entschuldigen sind aber derartig von mir oben angeführte Fälle u. hoffen wir, dass es Ihnen in irgend einer Form möglich ist, einem derartigen Treiben Einhalt zu gebieten.

Verstehen Sie bitte unser Ersuchen u. empfangen Sie für ihre Bemühungen besten Dank.

Achtungsvoll!

F. Weltin Malermeister u. Frau.

Übersetzung

te Franz.Armee
itär-Regierung
Konstanz

Konstanz, den 3.Juli 1945

Befehl

1) Der Oberbürgermeister der Stadt Konstanz ist im Einver=nehmen mit der Ersten Armee ermächtigt, auf die Insel Reichenau 400 landwirtschaftlich tätige Bewohner zurückführen zu lassen, die vorher wegen sanitärer Notwendigkeit die Insel hatten räumen müssen.

2) Die Auswahl wird mit Vorrang unter dem landwirtschaftlich tätigen Personal männlichen und weiblichen Geschlechts im Alter von 17 bis 50 Jahren zu treffen sein.

3) Die Heimbeförderung wird sofort nach Eintreffen des vor=liegenden Befehls durchgeführt werden. Der Oberbürgermeister wird zuvor das Einvernehmen des Stabsarztes L e n k von der Insel Reichenau einholen und mit ihm die Einzelheiten der Rückführung regeln.

4) Ein Vollzugsbericht wird vom Oberbürgermeister am Montag, den 9. Juli 1945 der Militärregierung erstattet werden.

J.A. Der Korvetten-Kapitän Cousot
Stabs-Chef.

-.-.-.-

Deutsche Kriegsgefangene auf der Reichenau

Der Konstanzer Oberamtsrat Alfred Hellinger (Stadtrat, Kreisrat), heute ein Pensionär von 70 Jahren, war 1945 als junger Soldat verwundet worden und geriet im Lazarett der Cherisy-Kaserne in französische Gefangenschaft. Um nicht nach Frankreich abtransportiert zu werden, meldete er sich mit hundert anderen deutschen Soldaten im Mai 1945 zum Arbeitseinsatz auf der Reichenau. Der erste Eindruck dieser ahnungslosen Soldaten war eine Groteske, die sie an Fasnacht erinnerte. Da die befreiten KZ-Häftlinge verständlicherweise ihre gestreifte Kleidng oder die geliehenen amerikanischen Uniformen endlich loswerden wollten, nahmen sie sich aus den Schränken der Reichenauer, was sie eben finden konnten, ob Hochzeits- oder SA-Anzug, und spazierten damit über die Insel. Nach einem Bericht in dem Buch "Allach, Kommando de Dachau" (Paris 1986, S. 168) traten Häftlinge in Uniformen der Waffen-SS, von denen man die Abzeichen entfernt hatte, zur Begrüßung von General de Lattre an. Vermutlich wegen dieses grotesken Eindrucks ordnete die Militärregierung am 23. Mai beim Konstanzer Requisitionsamt an, 500 Anzüge mit Hemden, Wäsche und Schlafanzügen unverzüglich auf die Reichenau zu liefern. Die gesamte Konstanzer Polizei wurde für diese Kleider-Razzia aufgeboten. Nur wer nicht in der Partei gewesen war, wurde von der Ablieferng befreit. (Stadtarchiv S II 8053). Nach dem Bericht des Häftlings Vignettes wurden diese Anzüge auf einem großen Platz auf der Reichenau ausgebreitet, und die Häftlinge konnten sich bedienen. Die Aktion stand natürlich auch in Zusammenhang mit dem bevorstehenden ersten Rücktransport nach Frankreich. Um die Versorgung der Deportierten mit Zivilkleidern kümmerte sich in Konstanz außerdem Frau Gautier von der Kriegsgefangenenhilfe

Bern, Konstanzer Frauen wurden zu Nähdiensten für Deportierte verpflichtet. Nach einem Bericht dieser Frau für de Lattre vom 29. Juni hatte sich auch erreicht, daß amerikanische Medikamente im Wert von 450.000 Dollars, die in der Schweiz lagerten, zur 1. Französichen Armee umgelenkt wurden. Da aus Frankreich keine Lebensmittel zu erwarten waren und sie die Versorgung der französischen Krankenhäuser in Deutschland aus deutschen Beständen eher skeptisch einschätzte, hatte sie dem General auch noch vorgeschlagen, in Südamerika Lebensmittelspenden anzufordern.

Die deutschen Kriegsgefangenen wurden in den Baracken untergebracht, in denen in der Kriegszeit russische Gefangene hausten. Auch deutsche Sanitäter, die aus der Schweiz zurückgekehrt waren, wurden auf der Reichenau eingesetzt. Aufgabe der Deutschen war es, die Wohnungen der Reichenauer nach jedem Wechsel von KZ-Häftlingen aufzuräumen und wieder herzurichten. Das gleiche war zu tun, als später französische Kinder auf die Insel kamen. Für diese mußten sie auch noch aus der Bettwäsche der Reichenauer Turnhosen anfertigen. Als die deutschen Kriegsgefangenen an der Fronleichnamsprozession teilnehmen wollten, erhielten sie auch die Erlaubnis, aber nunr begleiteten marokkanische Soldaten mit Maschinenpistolen die katholische Prozession. Mit den Marokkanern kamen die deutschen Gefangenen besser aus als mit den Franzosen. Die Marokkaner gaben ihnen beispielsweise von den ausgegrabenen Weinvorräten ab. Im Herbst 1945 kam Hellinger als Sanitäter in die Heil- und Pflegeanstalt Reichenau auf dem Festland, wo ein französisches Militärhospital eingerichtet war. Hier befanden sich ebenfalls kranke Deportierte aus Dachau, es war aber nicht zu klären, ob diese seit Mai 1945 schon hier waren oder im Herbst 1945 von der Mainau hierherverlegt worden waren. Verstorbene Deportierte wurden auf dem Friedhof der Anstalt beigesetzt und 1946 nach Frankreich überführt.

Gouvernement Militaire
Ile de Reichenau

Reichenau, le 20 août 1945

Bekanntgabe
für das Bürgermeisteramt

Folgende Häuser werden ab sofort freigegeben, insofern sie nicht durch Militär, Rotes Kreuz oder Kinder der Ferienkolonie belegt sind – oder sie nicht im Bereich der mit Drahtverhau umgebenen Zone der Marine liegen:

No.	160	161	19	235
	295	68	67	249
	25	23	21	10
	268	269	270	272
	282	380	379	377
	376	396	387	

Gouvernement Militaire Le Commandant d'Armes Ile de Reichenau

Le Commandant d'Armes

Metzinger

Aus dem Familienbuch einer Reichenauer Familie

— 73 —

b) Kurze Ortschronik: Am 26. April 1945 nachmitags 3 Uhr rollten die ersten Französischen Panzer in unser Ort wir waren nun besetztes Gebiet es fiel kein Schuß.

Am 17. Mai 1945

Mußten wir alle unsere Häuser verlassen meine Eltern u. Großmutter gingen zu meinen Taufpaten nach Oberzell ich mußte mit meinen Brüder u. Schwester das Ort verlassen. Es war fürchtpaar die reinste Völkerwanderung, mit wagen Schubkaren wo die Leute wenig Habseligkeiten darauf hatten, wir gingen nach Allensbach zu Schreiner Mallbacher wir wurden gut aufgenomen bliebendrei Wochen dort am 6. Juni durften wir ins Ort, gingen auch zu unserem Taufpaten dort blieben wir bis mitte August bei ihm, dann kamen wir zu unserem Nachbar Arthur Mohr welcher sich u. seiner Familie als Helfer in der Not erwiesen, er durfte etwas früher als wir sein Haus beziehen.

Am 6. Sept. Abends 1800 Uhr erhielten

wir die genehmigung das unser Haus freigegeben ist, wir waren gerade beim Herbsten an der Theresenhalde hatten guten Herbst.

Am 8. September 1945. Einzug

mit unseren 2 Kühen 1 Schwein 4 Hühner Leiterwagen Anhänger, und allem Hausrat, Kleider was wir gerettet hatten Wir taten damals den Ausspruch Auszug aus Ägypten Einzug ins gelobte Land, als wir unser Haus wieder bezogen. Über Haus war auf dem Speicher durchgebrochen mit Nachbar Brendle in diesem 2 Häuser waren 100 deutsche Kriegsgefangene im Wohnzimmer 5 Mann aus dem K.Z. das Haus war Hinten und vorne bewacht von Marokanern und Franzosen wir durften es mit keinen Schritt betreten, es war dauernd besetzt bis 4. Sept. es wurde uns sehr viel gestohlen und verdorben Most, Wein, Speck, Kleider, Bettwäsche, Schuhe, Radio und noch vielerlei. Unser Auto Goliath wurde vollständig demoliert und an der Stech über den Steg runtergeworfen. Karl Roser

rettete uns die Räder, den Motor die Wasserschutzpolizei. Als wir das Ort bezogen mußten wir uns dreimal impfen lassen gegen Typhus wenn wir am Brückgraben mit jemand sprechen wollten, mußten wir uns im Kreuz pudern lassen es war eine sehr schwere Zeit für uns.

Die Perspektive der KZ-Häftlinge

Die französische Deportiertenorganisation "Fédération Nationale des Déportés et Internés Résistants et Patriotes" (FNDIRP) in Paris hat uns den Bericht eines Häftlings zur Verfügung gestellt, der Ende Mai 1945 einige Tage auf der Reichenau verbracht hat. Yves Eyot kam aus dem KZ-Außenlager Allach bei München und war relativ gesund.

Am 26. Mai schreibt er von der Reichenau nach Hause: "Nun sind wir am Ufer des Bodensees, auf der Insel oder besser Halbinsel Reichenau. Gut, aber ach, unser Aufenthalt hat den Schein, länger dauern zu wollen, als wir dachten! Was ist das lange!...

Dem Stacheldraht entkommen, haben wir gestern eine schöne, aber lange Reise im Lastwagen gemacht. Wir haben wieder Bekanntschaft geknüpft mit dem Wein (das Land hier ist reich an Früchten, Wein und Gemüse usw ...), mit Mahlzeiten von zivilisierten Menschen: Weißbrot und Butter, Milchkaffee mit Zucker, Rindsbraten, Reis, Salat, Käse. - Und ich habe schon zweimal eine kleine Runde auf dem See mit dem Ruderboot gedreht. Wenn Du wüßtest, was das für mich bedeutet! Man spricht davon, daß wir alle bis Donnerstag zu Hause sein werden. Das klingt besser als gestern abend, als man noch von zwei Wochen sprach. Ich hoffe es ..."

Im folgenden faßt Eyot seine damaligen Briefe von der Reichenau zusammen: "Als ich jedoch meine Briefe wieder las, habe ich gedacht, daß sie ziemlich gut den körperlichen und geistigen Zustand eines "befreiten" Häftlings bezeugen, der bei relativ guter Gesundheit war, aber dessen echte Befreiung noch aufgeschoben war. Ich wundere mich selber über die Unmengen an Nahrung, die wir damals haben hinunterschlingen können, ohne uns jemals wirklich satt gefühlt zu haben - außer für kurze Zeit. Ich finde auch die Müdigkeit wieder, die nicht weichen wollte, die mich zwang, mich nach kurzen Spaziergängen hinzulegen, und die selbst zu diesem Zeitpunkt nicht aus den Gliedern verschwinden wollte - es ist wahr, daß das bequemste Lager das Gras war, da es ein bißchen weniger hart war als der Fußboden der Baracke ....

Ich finde darin wieder diese Besessenheit nach Nahrung - Besessenheit, die sich erst Wochen nach der Rückkehr nach Hause verflüchtigte, die Schwierigkeit für den Geist, sich von den elementarsten Bedürfnissen zu entfernen: in diesen Briefen, die alles besagen, nehmen diese fast den ganzen Platz ein. Die Unmöglichkeit, diesen Monaten im Kerker bereits ins Angesicht zu schauen - sie hat, sich kaum abschwächend, über Jahre fortbestanden. Die Schwierigkeit zu glauben - wirklich ganz natürlich an die Zukunft zu glauben, zu denken: es bedurfte der Schlemmerei der letzten Tage, um ihr einige Beständigkeit zu geben...

In dem kleinen Ort Reichenau waren wir in Privathäusern untergebracht, deren Bewohner nicht viel Zeit für die Evakuierung gehabt haben dürften, denn es waren noch Lebensmittel, Kleider und persönliche Gegenstände da. Wir schliefen in kleinen Gruppen in echten Betten, die die Bewohner, ohne die Bettwäsche gewechselt zu haben, verlassen hatten - was uns kaum beschäftigte. Eine unserer ersten Beschäftigungen war es, nachdem wir uns einmal ein Bett gemacht hatten, die Schätze des Hauses zu erforschen. Ich war in meinem Haus zusammen mit einigen Leuten aus Nantes. Weder die anderen noch wir verspürten Lust, die Wanduhren einzupacken, aber alles, was eß- oder trinkbar war, war sehr geschätzt bei uns.

Dann lernten wir wieder, Mensch zu werden, bei einem Spaziergang, aber nicht mehr von Baracke zu Baracke in einem von Stacheldraht umzäunten Gebiet, das von Wachtürmen überragt war, sondern in einem schmucken kleinen Städtchen, wo wir loszogen, die Häuser unsrer Freunde zu entdecken, wobei wir auch noch die Aussicht auf eine hübsche Landschaft genossen.

Einer meiner ersten Spaziergänge führte mich zum See hinunter, an dessen Ufer sich das Hotel befand, das uns unsere Mahlzeiten gegen Gutschein servierte, die wir ausgeteilt bekamen: Das Strandhotel Löchnerhaus (ich habe einen dieser Gutscheine aufgehoben). Von dort aus erblickte man das gegenüberliegende Ufer: Vielleicht schon Frankreich? - Nein, die Schweiz, aber in unserer Vorstellung wieviel freundlicher als Deutschland! - selbst wenn diese Ecke hier in unvergleichlicher Weise weniger feindlich war als die Gegend von Dachau und Allach. Und dann gab es einige kleine Boote, die Ruder an Bord, und auch wenn es nicht das Meer war, was für ein Vergnügen, eine kleine Runde auf dem Wasser zu drehen, zu träumen, daß man so bis Frankreich rudern könnte ... selbst wenn mein körperlicher Zustand mir die Reise untersagte ....

Andere, weniger träumerisch und unternehmungslustiger, untersuchten methodisch alle leeren Häuser in der Umgebung. Die Hauptfunde waren Weinfässer und Korbflaschen mit Likör, und man fing an, in den Straßen völlig Betrunkene anzutreffen ...

Kameraden von mir hatten in einem Haus einen Hasenstall gefunden, und sie verteilten ringsum Einladungen für ein köstliches Hasenragout. Man hätte meinen können, man sei auf einem ländlichen Bankett. Am Ende des Essens kam unser Gastgeber und schwenkte triumphierend an der Spitze eines Spießes einen Katzenkopf, noch ganz blutig, und die Zunge hing aus dem offenen Maul heraus ... Ich sehe sie noch vor mir! Was für Schreckensschreie! Sogar mir, der ich überzeugt war, daß mich nicht mehr ekeln könnte, wurde es schlecht, und ich glaubte, daß ich mich übergeben müßte ... In der Tat, als unsere Gastgeber im letzten Moment merkten, daß die Zahl der Hasen im Verhältnis zur Zahl der Gäste mager war, hatten sie nur noch diesen Ausweg gefunden, um das Mahl aufzufüllen - ganz abgesehen davon, daß es ihnen nicht unlieb war, uns einen schönen Streich zu spielen. Ich kann also nicht sagen, ob ich Katze gegessen habe, aber eines ist sicher, den Unterschied hat niemend bemerkt ..."

Bereits am 31. Mai wurde er mit Lastwagen zum Bahnhof gebracht und kehrte über die Schweiz zurück. Auf der Durchreise beeindruckten ihn die bunte Aufgeräumtheit des Landes, die freundliche Begrüßung durch die Schweizer Bevölkerung auf den Bahnhöfen und die barfüßigen Kinder. Der erste Eindruck auf französischem Boden in Mülhausen war eher trist, aber bewegt waren die Rückkehrer dennoch.

Andere Berichte kamen von dem Verband "L'Amicale des Anciens de Dachau". Der Häftling Paul Itié gehörte zum ersten Konvoi, der auf die Reichenau kam: "Bevor wir abends auf der Reichenau ankamen, kreuzte unser Konvoi in der Nähe von Konstanz deutsche Zivilisten, die den Ort verließen und Kinderwagen mit Wäsche vor sich herschoben. Das Gerücht ging um, de Lattre de Tassigny habe ihre Evakuierung beschlossen, nachdem er ein Komplott aufgedeckt habe. Als wir auf der Reichenau ankamen, erinnere ich mich sehr gut an eine bewachte Schranke, die verhindern sollte, daß wir unseren Aufenthaltsort verließten." Jean Badets berichtet: "Wir waren ungefähr 500 im letzten Konvoi, der Allach am 25. Mai 1945 ver-

lassen hat. Ich war mit drei Kameraden befreundet, die wie ich Funker oder Elektriker waren. Wir sind abends in einem verlassenen Ort auf der Reichenau angekommen. Das das Militärhospital zu klein war, um alle aufzunehmen, hat man uns gesagt, General de Lattre de Tassigny habe das Dorf evakuieren lassen. Und mit meinen drei Kameraden wurden wir eingeteilt, um in einem vollständig möblierten und intakten Haus zu wohnen, und man hat uns gesagt, daß es das des Bürgermeisters sei, nicht weit weg vom See gelegen .... Einer von uns kam die Treppe herunter und brachte einen geräucherten bayrischen Schinken an. Wir probierten ein wenig, denn wir konnten noch nicht normal essen. Dann, nachdem wir unser Abendessen im Militärhospital eingenommen hatten, schliefen wir in Betten, eine Sache, die weit seit unserer Verhaftung nicht mehr kannten.

Am nächsten Morgen haben wir ein Mädchen kommen sehen (sie muß jetzt wohl schon Großmutter sein) mit einem Passierschein, um etwas in dem Haus zu holen. Wir haben sie mit Tränen in den Augen die Treppe herunterkommen sehen, und wir haben ihr mit Entschuldigungen den Schinken gezeigt, den wir ihr im übrigen übergeben haben. Beim Weggehen hat sie uns dafür gedankt. Ich würde mich freuen, von ihr wiede zu hören, das würde viele Erinnerungen wecken .... Ich weiß nicht, ob nach uns noch andere in dieses Haus gekommen sind, aber wir haben es so intakt gelassen, wie wir es angetroffen haben, denn wir waren im zivilen Leben weder Diebe noch Plünderer."

Andere Häftlinge bestätigten, daß es Vorräte an Wein und anderen Alkoholika gab, auf denen noch drauf stand "Reserviert für die SS". Manche Häftlinge zogen es vor, statt in das "Löchnerhaus" oder ein anderes Restaurant zu gehen, in den Häusern der Reichenauer selber Essen nach französischer Art zuzubereiten. Der Häftling Langevin, ein junger Arzt, war zunächst auf der Mainau untergebracht, wo ihn vor allem die hübschen Krankenschwestern und die Badezimmer in schwarzem Marmor beeindruckt haben. Über die Reichenau schreibt er: "Lalou und ich waren im letzten Haus auf der Insel untergebracht. Nach einigen Tagen haben sich die Besitzer schüchtern vorgestellt und gefragt, ob sie etwas von ihren Sachen mitnehmen dürften. Sie waren überrascht, ihr Haus in Ordnung zu finden. Lalou war dabei, das Geschirr zu spülen. Eines Tages fanden wir dann am Morgen einen Käse auf der Türschwelle, am nächsten Tag Milchflaschen .... Unser Essen wurde in einem Hotel serviert, aber bald zogen wir es vor, selbst für uns zu kochen. Je nach Lust und Laune traten wir in ein anderes Haus ein, fanden Kameraden, probierten ihr Essen und blieben bei Tisch oder zogen weiter, wenn es uns nicht schmeckte." In den Restaurants brachte man den deutschen Köchen nach und nach die französische Gastronomie bei, und Dr. Langevin schätzte die Kontakte zur deutschen Bevölkerung als nicht schlecht ein. Nach seiner Ansicht war die Reichenau geräumt worden, weil nach der Besetzung einzelne Heckenschützen angeblich noch auf die Franzosen geschossen hatten. Nachts versuchten einzelne Reichenauer immer wieder, etwas aus ihren Häusern zu holen, wobei sie sich vor den Marokkanern vorsehen mußten, die Wachdienste hatten. In Einzelfällen haben aber die Häftlinge Reichenauer bei der Armee angezeigt, wenn sie diese auf einem Foto in SS-Uniform in einem Haus gesehen und anschließend den Mann auf der Insel wiedererkannt hatten.

Ein offensichtlich prominenterer Häftling, später Offizier der Ehrenlegion, berichtet in seinen gedruckten Erinnerungen: "Man quartiert uns auf der Insel Reichenau ein im Bodensee, deren Bevölkerung zuvor evakuiert wurde.

Zurück bleiben der Frisör, Köche und das Dienstleistungspersonal. Man läßt uns nun einrichten, wie wir wollen. Es gibt wunderschöne Villen. Ihre letzten Besitzer waren Goebbels und andere Nazi-Würdenträger. Es gibt teure Bilder und Objekte von großem Wert. Man gruppiert sich nach Sympathien. Unsere Residenz ist wie aus Gold, das Essen gut und reichlich. Einige Kameraden haben Vorräte an Portwein, Champagner und anderen Likören entdeckt und stellen sie der Allgemeinheit zur Verfügung. Wir senden ein Telegramm an unsere Familien, um ihnen mitzuteilen, daß wir am Leben sind.

Wir ernähren uns mit Vorsicht, und denen, die diesen Willen nicht haben, geht es zusehends schlechter. Insgesamt finden wir unsere Kräfte wieder, aber der Wunsch, unser Land, unsere Familien, unsere Kameraden wiederzusehen, ist groß." (J. Sanguedolce, 1973)

Es gab bunte Abende mit Theatergruppen der Armee und Kino("Panzerkreuzer Potemkin") oder kleine Genüsse wie diese: "Ein Friseursalon, in dem ein deutscher Kriegsgefangener wirkte, stand uns zur Verfügung. Jeden Morgen nach unserem Frühstück ließen wir uns dort rasieren, und, kleines Glück, wir verlangten, die Haare einzureiben, die noch erst einige Millimeter lang waren." (Bericht Itié)

Ein anderer Häftling (Vignettes) schreibt uns: "Eines Tages landeten wir in einem Nachbarort, vielleicht sogar Konstanz. Wir wurden von kleinen Jungen umringt im gleichen Alter wie diejenigen, die uns in Dachau und anderswo Steine nachgeworfen hatten. Sie grüßten uns, wobei sie genau sagten: "Krieg nix gut!" Man konnte annehmen, daß ihre Eltern ihnen diese Lektion beigebracht hatten." Insgesamt waren die Kontakte der befreiten Häftlinge zur Bevölkerung spärlich, aber nicht unfreundlich.

Zu der Frage, ob die Deportierten Wertgegenstände oder Mobiliar mitgenommen haben, schreibt der Deportierte Perrotton: "Das ist ein starkes Stück - Sie müssen sich nur die Fotos von der Rückkeh der Deportierten ansehen, um zu sehen, daß sie mit ihrem kleinen Beutel zurückkehrten. Ich bin mehrmals in der Besatzungszeit 1941/42 ausgeplündert worden, und selbst wenn dies möglich gewesen wäre, hätte ich mich niemals dazu erniedrigt. Wenn ich die Kraft und die Gelegenheit dazu gehabt hätte, hätte ich gerne und mit Vergnügen alles, was nationalsozialistisch war, zerschlagen - das ist sicher. Aber etwas von dort mitzunehmen - nein, war für eine Idee!!!" Nun, die Reichenauer haben 482 Entschädigungsanträge über 2.3 Millionen RM eingereicht, aber außer den Deportierten waren ja 1945 noch andere Franzosen auf der Insel, nämlich die Soldaten, nach der Abreise der Häftlinge das Personal der Kinderheime und anschließend die französischen Urlauber. Auch deutsche Augenzeugen entlasten die KZ-Häftlinge.
(Vgl. Frau Rassow, Südkurier, 9. Sept. 1993)

Stempel des Evakuierungskrankenhauses auf der Reichenau

Die Insel Mainau

Der französische General Béthouart, der die französischen Truppen nach Vorarlberg führte, bestätigte in seinen Memoiren, daß auf der Mainau gerade die Schwächsten unter den befreiten Häftlingen untergebracht wurden.

Man kann die Reichenau und die Mainau nur schwer vergleichen, weil auf der Mainau nicht viele Personen ständig lebten und die Familie Bernadotte im Krieg und in der ersten Nachkriegszeit gar nicht da war. Außer dem Schloß mit Nebengebäuden standen noch die drei Wohnbaracken zur Verfügung, die die Organisation Todt (OT), die bautechnische Organisation des Rüstungsministeriums, dort im Krieg errichtet hatte. Sie hatte dafür viel Mobiliar aus Frankreich herangeschafft, da sie ein Erholungsheim für Rüstungsindustrielle plante, doch wurden ab Oktober 1944 französische Kollaborateure um den Parteiführer Jacques Doriot auf der Insel untergebracht.

In den letzten Kriegswochen war auf der Mainau ein deutsches Reservelazarett eingerichtet worden, dessen Personal dann von den Franzosen einfach übernommen wurde. Auch die Handwerker und Techniker der OT waren noch da, ebenso eine Reihe von Russen und Polen, die nicht nach Hause wollten (Displaced Persons). Außerdem wurden auf der Mainau Gemüsebauern aus dem Ortsteil Paradies eingesetzt, die 1945 ihre Felder im Tägermoos auf Schweizer Gebiet nicht betreten konnten. In den Wohnbaracken, in denen von Oktober 1944 bis April 1945 französische Kollaborateure gewohnt hatten, und in das Schloß zogen nun französische Widerstandskämpfer aus Dachau ein. Am Eingang der Insel befand sich ein Kontrollposten mit DDT-Dusche. Nach dem Bericht des Häftlings Dr. Langevin waren bei der Ankunft der ersten Deportierten das Schloß

(Befreite französische KZ-Häftlinge aus Dachau vor Schloß Mainau, 26. Mai 1945.
Auf der rechten Tafel steht: „Deportierte von Dachau. Das Vaterland, dem Ihr schon soviel gegeben habt, Erwartet Euch, es braucht Euch noch.
Die Erste Französische Armee („Rhein und Donau“)“.
Aus: J. de Lattre, Reconquérir. Ecrits 1944-1945, Paris 1985)

(Der Schweizer General Guisan im Gespräch mit einem Befreiten KZ-Häftling auf Schloß Mainau, 13. Juni 1945. Aus: Bundesarchiv Bern: J I. 127-/1, Bd. 10)

selbst in Ordnung, aber die Nebengebäude bereits verwahrlost, was er den Doriot-Franzosen zuschrieb. Auf die Häftlinge läßt er auch nichts kommen, was den späteren Zustand des Schlosses anbelangt. Die Zahl der Deportierten, die gleichzeitig das waren, schätzt er auf etes 60. Die Gesamtzahl der kranken Deportierten, von denen manche nur 24 Stunden, andere Wochen und Monate da waren, betrug bis zum Herbst 1945 etwa 850 Personen. Die Leitung des Krankenhauses hatte der Militärarzt Pénin. Ein Häftling schreibt, daß auch Schweizer Ärzte auf der Mainau tätig waren. Die Stadt Konstanz mußte Küchengeräte, Pantoffeln, Taschentücher, Rasierapparate, Kämme, Haarbürsten, Zahnbürsten, Kleiderbürsten und Kohlen liefern, ferner 300 Spucknäpfe und 5 medizinische Wagen. Außerdem mußte sie einen Friseur und zwei Wäscherinnen stellen. (S II 8053)

Welche lebenswichtige Bedeutung das Kankenhaus auf der Mainau hatte, soll das Beispiel des Deportierten Armand Provot zeigen. Dieser spätere Eisenbahningenieur und Ritter der Ehrenlegion wollte als Lothringer nicht in die deutsche Wehrmacht eingezogen werden, ging über die Grenze des unter deutscher Verwaltung stehenden Lothringen in das besetzte Frankreich und von dort in den Untergrund. Im September 1944 wurde er von den Deutschen aufgegriffen und kam zunächst nach Dachau, dann nach Buchenwald und wurde in den Heinkel-Flugzeugwerken in Bad Gandersheim bei Clausthal-Zellerfeld zur Zwangsarbeit eingesetzt. Im April mußte er bei den Evakuierungsmärschen bis Quedlinburg marschieren, und von dort wurden die Häftlinge in Viehwagen auf einem endlosen Transport, der viele Opfer forderte, über Leipzig, Dresden, Prag, Pilsen und München nach Dachau transportiert, wo

1ère ARMEE FRANCAISE
ILE DE MAINAU

Le : 16 Juillet 1945

REGIME A

DEJEUNER:

Saucissons
Roastbeef
Choux braisé

Fromage
Glace

DINER:

Potage

Poissons frits
Roastbeef
Carottes au jus

Soufflét de semoule

REGIME B

DEJEUNER:

Saucissons au beurre

Roastbeef
Haricots verts

Fromage
Glace

DINER:

Potage

Poissons frits
Roastbeef
Nouilles au beurre

Fromage
Soufflét de semoule

Provot am 27. April, zwei Tage vor der Befreiung, ankam: "Zum Skelett abgemagert, an vereiterter Rippfellentzündung und Durchfall leidend, mit zwei großen bis zum Knochen offenen Wunden, die von Schlägen der SS herrühren, der Körper von Furunkeln übersät usw., werde ich mit weniger als 35 kg (bei der Befreiung) in die SS-Kaserne beim Lager Dachau eingeliefert, die in aller Eile für die Bedürfnisse eines Pflegespitals engerichtet wurde." Er ist zunächst nicht transportfähig und kann erst Anfang Juni auf die Mainau überführt werden. Der amerikanische Krankenwagen kommt nachts auf der Mainau an, wo gerade der Strom ausgefallen ist. Dem kranken Häftling fällt nur auf, daß statt des babylonischen Sprachengewirrs von Dachau nur noch Französisch zu hören ist. Er denkt, er sei in Straßburg, wo es einen Ortsteil Meinau gibt. Eine deutsche Rot-Kreuz-Schwester betreut ihn in der Nacht, gibt ihm Weißbrot und kalten Braten zu essen, was katastrophale Folgen hat. Am nächsten Tag das große Wunder: Er liegt allein in einem riesigen Zimmer von über 25 m² mit einem Kronleuchter, kostbaren Bildern an der Wand, Sesseln. Die Schmerzen seiner Zellgewebsentzündung am Bein machen ihm klar, daß er nicht träumt. Die Oberärztin untersucht ihn, er wird in die Kategorie D eingereiht (Schwerstkranke), kurz darauf operiert und steigt dann in die Kategorien C und B auf und wird mit anderen Patienten zusammengelegt. Provot äußert sich begeistert über den Einsatz und die Freundlichkeit des medizinischen Personals, das ihm das Leben gerettet hat. Aus Konstanz kamen auch einige deutsche Spezialisten wie Zahnärzte und Augenärzte.

Ebenso enthusiastisch äußert sich Provot über das persönliche Engagement von General de Lattre. Dieser kam alle paar Tage vorbei, kontrollierte streng die Hygienevorschriften, brachte den Patienten aber immer kleine

Geschenke und Post aus Frankreich mit. Vor allem aber führte er alle wichtigen Besucher, die zu ihm nach Lindau oder Konstanz kamen, auch auf die Mainau, so daß es den Deportierten fast zuviel wurde. Im Mai erschien eine Delegation des Pariser Gemeinderats, es kamen Journalisten un Photographen aus der ganzen Welt, Militärdelegationen, der französische Gesundheitsminister und Minister aus alliierten Staaten, Ärztedelegationen aus Paris. Am 13. Juni besuchte der Schweizer General Guisan die Mainau und brachte den Deportierten Extrarationen an Schokolade und Stumpen mit, am 14. Juni der amerikanische General Devers, dem de Lattre 1944/45 unterstellt gewesen war, eine Woche später der Sultan von Marokko, der seine Landsleute bei der französische Armee in Südwestdeutschland besuchte.

Der Schweizer Offizier Barbey vom Stabe Guisans hat den Besuch auf der Mainau festgehalten: "Dann fahren wir dem Seeufer entlang, über einen von Truppen gesäumten Weg, die die Ehrenbezeugungen erweisen, nach der Insel Mainau, wo sich die Residenz des Prinzen Bernadotte befindet, die jetzt die Geretteten von Dachau, Buchenwald und Mauthausen beherbergt. Von Gruppe zu Gruppe, von Bett zu Bett beugen wir uns über ausgemergelte Gesichter mit hervorstehenden Backenknochen, die, wären die Augen nicht weit geöffnet, diesen bedauernswerten Opfern das Aussehen von Chinesen oder armseligen Levantinern gäben. General de Lattre erkennt da und dort jemanden, setzt sich an ein Bett, erkundigt sich oder überbringt Nachrichten und gibt Unterschriften. Sein Bild hängt über jedem Bett. Ich betrachte sein Adlerprofil, dieses Aussehen eines Bezwingers, das ich schon in Deutschland an ihm bemerkt hatte; ich erinnere mich an seinen triumphierenden Ausdruck vor der großen Wandkarte im Hauptquartier in Karlsruhe; jetzt liegt auf seinen Zügen eine überraschende Milde, und seine Stimme ist weich.

Die Fenster öffnen sich gegen den grauen See zu, auf die großen Bäume des Parks, grüne Buchen, Blutbuchen, Birken. Man kan sich keinen ruhigeren Sitz vorstellen, um diesen Unglücklichen den verlorenen Schlaf wiederzugeben. Pariser Krankenschwestern bemühen sich um sie, lebhafte und anmutige Mädchen, trotz der Müdigkeit, die sich auf ihren Gesichtern ablesen läßt.

General de Lattre nimmt unseren General beseite: "Sehen Sie, das wollte ich Ihnen zeigen - damit Sie es mit eigenen Augen sehen können ...."

Es war nichts als recht und billig, daß dieser etwas prunkvolle Tag zum Schluß noch dieses schmerzliche Bild brachte, das deutlich ausdrückt, was Europa noch leidet, und daß wir es wirklich mit eigenen Augen sahen, wir, die wir nicht zu kämpfen hatten."

Die vielen offiziellen Besucher zeigen die politische Funktion des Mainau-Krankenhauses auf. So wie die Engländer die Befreiung von Bergen-Belsen oder die Amerikaner die Befreiung von Dachau auch publizistisch verwerteten, um der Welt die Schrecken des Nazi-Terrors vorzuführen, so wollten auch die Franzosen ein befreites KZ vorweisen. Solange sie in Stuttgart saßen, führten sie ihre Besucher nach Vaihingen/Enz, wo ein Außenlager des KZ Struthof bestanden hatte. Für Besucher, die nach Konstanz oder Lindau kamen, übernahm offensichtlich die Mainau diese Funktion. Unabhängig von diesem politischen Aspekt ist das medizinische Engagement der Franzosen hervorzuheben. Sind es heute eher die Psychiater, die mit Spät- und Langzeitfolgen von KZ-Aufenthalten zu tun haben, so ging es damals um die medizinische Erstversorgung von Schwestkranken in Formen, die man bis dahin nicht kannte, da sie weder mit Kriegsverletzungen noch mit Epidemien in der Zivilbevölkerung zu vergleichen waren.

Wem es besser ging, der konnte im Park spazierengehen, die "Schwedenschenke" besuchen oder Schiffsfahrten unternehmen. Im Juni erhielt ein Konstanzer Lehrer den Auftrag, Filme auf der Mainau zu zeigen. Die Häftlinge dachten, Graf Folke Bernadotte, der Präsident des Schwedischen Roten Kreuzes, der bei Kriegsende viele Französinnen aus dem KZ Ravensbrück nach Schweden hatte holen können, habe ihnen sein Schloß zur Verfügung gestellt.

Besonders gefeiert wurde natürlich auch auf der Mainau der 14. Juli, der Nationalfeiertag. Das Schloß wurde dekoriert, im Innenhof ein riesiges"V" ("Victoire") und ein Lothringerkreuz installiert. Am Vorabend gab es ein Bankett mit besonderem Menü, nächtlichem Ball und Feuerwerk, das Theaterorchester aus Konstanz spielte auf. Höhepunkte am 14. Juli selber waren eine Messe mit Chor, ein Tischtennisturnier für die kräftigsten Patienten sowie ein Varieté. Vor allem aber konnten zu diesem Tag Angehörige aus Frankreich anreisen. Sie wurden in Konstanz untergebracht, wurden täglich mit dem Bus auf die Mainau befördert und konnte sich dort an der Pflege beteiligen.

Graf Lennart Bernadotte hat die damaligen Ereignisse 1977 in einem Buch über die Mainau so dargestellt: "Ich habe später fürchterliche Auseinandersetzungen mit höheren französischen Stellen gehabt ... Die Besatzung zog im September 1945 ab - aber die wenigen Monate genügten. Das Schloß sah schrecklih aus. Ich denke nicht gerne an die Okkupationstage zurück, die viel schlimmer waren als die Nazizeit; ich habe endgültig einen Strich darunter gemacht. Denn dafür ist nicht eine Nation, sondern der einzelne Mensch verantwortlich. Im Januar 1946 war ich kurz auf der Mainau, 1947 zusammen mit meinem Vater. 1949 verbrachten wir mit meiner Familie erstmals wieder den Sommer hier. Zu diesem Zeitpunkt waren die geschlagenen Wunden noch so tief, die Verwüstungen so nachhaltig, daß meine Leute nur unter größten Schwierigkeiten den Betrieb aufrecht erhalten konnten. Ich hatte gedacht, ich würde niemals mehr auf der Mainau leben können."

Die Darstellung Bernadottes wird von deutschen Augenzeugen bestätigt. Danach haben die OT-Leute nicht nur Särge für verstorbene Deportierte hergestellt, sondern auch Holzkisten, in denen entlassene Häftlinge Wertsachen von der Mainau mitnehmen konnte. Kranke Häftlinge spazierten in Gewändern der badischen Großherzöge oder von russischen Großfürsten auf der Insel herum. (H. Raff). Man wird aber unterscheiden müssen zwischen Schäden, die entstehen, wenn ein Schloß in einen Krankenhausbetrieb umgewandelt wird, und Diebstahl oder Vandalismus. Und für die Diebstähle auf der Mainau kommen auch noch andere Personenkreise in Frage als die geschwächten Deportierten.

Daß befreite KZ-Häftlinge schlimmer sind als die Nazizeit, kann natürlich nur jemand sagen, der sich mit den Nazis arrangiert hatte, indem er ihnen seine Insel verpachtete. Das Wichtigste bei seiner Rückkehr auf die Insel Anfang 1946 war Bernadotte offensichtlich die Verlegung der verstorbenen KZ-Häftlinge auf den Konstanzer Hauptfriedhof. Dort wurde ein französischer Militärfriedhof abgeteilt, für den das Kloster Zoffingen Gelände abgeben mußte. Hier wurden neben 52 Soldaten, 13 Zivilarbeitern und einigen Kindern auch 33 deportierte Franzosen von der Mainau beigesetzt. Alle Toten wurden zwischen 1947 und 1949 nach Frankreich überführt. (Stadtarchiv Konstanz, S II 9544, S II 16393)

Bemerkswert ist allerdings auch, daß die französische Regierung an Bernadotte, da dieser schwedischer Bürger war, wegen der 1945 entstandenen Schäden eine Entschädi-

gung bezahlen mußte, was höchst ungewöhnlich ist. Ein Detail dieser Entschädigung ist bekanntgeworden. Für die Anlegung des KZ-Friedhofes auf der Mainau wurden etwa 90 Taxus- und Buchsbaumbüsche von der Insel verwendet. Als der Distriktdelegierte Degliame die Konstanzer Stadtverwaltung aufforderte, der Mainau 90 Büsche zu ersetzen, erwiderte die Stadt: "Die Franzosen hatten auf der Mainau einen Friedhof angelegt und dazu Taxusbäume von der Insel Mainau verwendet. Prinz Lennart verlangte, daß der Friedhof auf der Mainau augehoben wird, worauf die Leichen ausgegraben und nach dem französischen Friedhof in Konstanz verbracht wurden, ebenso die verwendeten Taxusbäume usw..
Prinz Lennart verlangte Wertersatz der mitgenommenen Taxusbäume und nicht Ersat in Natur. Die Angelegenheit ist von der Zentralrequisitionsstelle mit der Militärregierung unmittelbar erledigt worden."
(Stadtarchiv S II 9667)

Als de Lattre Ende Juli aus Deutschland abberufen wurde, kam er in Begleitung seiner Frau am 1. August mit dem Schiff von Lindau, um sich in Konstanz und Kreuzlingen zu verabschieden. Seine erste Station an diesem Tag war das Krankenhaus auf der Mainau. Das Krankenhaus wurde Mitte September 1945 aufgelöst.

(Vgl. Béthouart, S. 330. Raggenbass, S. 149. Dees de Sterio, S. 93. Barbey, S. 303 f. Moser. S. de Lattre, Bd. 2, S. 23-26).

Schweizer Journalisten auf der Reichenau und der Mainau

Nach Kriegsende waren die Zustände in Deutschland und die Lage der Bevölkerung von großem Interesse für die Schweizer, doch bekamen sie zunächst Informationen nur über Presseagenturen der Alliierten bzw. nach und nach von einzelnen Schweizer Funktionsträgern, die nach Deutschland reisen konnten. Im Mai 1945 waren einmal Schweizer Journalisten von der Französischen Armee von Konstanz aus rund um den Bodensee geführt worden. So stieß das Internationale Komitee vom Roten Kreuz auf großes Interesse, als es im Juli 1945 eine Gruppe Ostschweizer Journalisten zu einer Fahrt in die französische Zone einlud. Thema war die Rückführung der Kriegsgefangenen, Fremdarbeier, KZ-Häftlinge aller Nationalitäten aus dem Bereich der französischen Zone. Darunter waren Holländer, Belgier, Franzosen, aber auch Polen, Rumänen, Ungarn, für die die Rückführung sehr viel schwieriger war, da in ihren Ländern die Rote Armee stand und viele nicht zurückwollten oder -konnten. In Lindau und Lustenau befanden sich verschiedene Zentren und Lager zur Überprüfung, Quarantäne oder Erholung. EinDetail hat die Journalisten hier verblüfft: Französische Zivilarbeiter, die inzwischen eine deutsche Frau hatten, konnten diese nur nach Frankreich mitnehmen, wenn sie schwanger war oder bereits ein Kind von dem Franzosen hatte.

Am 12. Juli traf die Gruppe in Friedrichshafen mit de Lattre zusammen, der von dort nach Paris zu den Feierlichkeiten des 14. Juli startete. Und sie wurde mit dem Schiff auch auf die Reichenau und die Mainau geführt.

Auf der Reichenau waren zu diesem Zeitpunkt nur noch im "Löchnerhaus" ehemalige KZ-Häftlinge zur Erholung untergebracht. Die Journalisten staunten, wie jung manche

Bei den Opfern der Konzentrationslager

Motorboote der französischen Marine, von waschechten Südfranzosen geführt, Marius und Olive mit dem roten Pompon auf der Mütze, bringen uns nach Konstanz zur 14. Division, nach der Reichenau und der Mainau. Hier sind die Erholungsheime und Spitäler für die Opfer aus den Konzentrationslagern. Halbverhungerte, Geprügelte, Verstümmelte. Eine unerhörte Anklage. Obwohl man alle diese Schicksale und Gestalten schon zu kennen glaubt, es ist zu erschütternd, selbst zu sehen, selbst zu hören.

Darf man es dem französischen Obersten übel nehmen, daß er mit Tränen des Zornes und des Leidens in der Stimme an den Gräbern der zu spät Befreiten auf der Mainau ihrer Opfer gedachte? Welches entsetzliche Elend, welches Verhängnis tritt uns da entgegen! Auf der Reichenau ist das Bild etwas weniger düster, denn hier sind diejenigen, die bloß der Erholung bedürfen, um heimzukehren. Jeder trägt in irgendwelchen bunten Fetzchen oder Schnüren die Farben der Heimat, die ihnen hier ein Leben und eine Kost bietet, wie sie wahrscheinlich kaum jemand von ihnen je gehabt hat. Der ehemalige Besitzer des requirierten Hotels hilft mit saurer Miene in der Küche und möchte gerne, daß man ihn bedauert.

Beide Inseln sind durch eine Wache streng gegen außen abgeschlossen und es bedarf besonderer Bewilligungen, dorthin zu kommen. Vor der Barriere liegt eine junge Frau mit zwei Kindern erschöpft im Gras — wie viele mögen jetzt so an der Straße liegen?

(Thurgauer Volksfreund Kreuzlingen, 16. Juli 1945)

dieser Häftlinge waren. Da waren Jugendliche, die als 16-jährige im spanischen Bürgerkrieg vor Madrid mitgekämpft hatten und später in Frankreich den Deutschen in die Hände gefallen waren, oder andere, die als 16-jährige in Paris im Untergrund gekämpft hatten oder irgendwo im Maquis deutsch Truppentransporte angegriffen hatten. Zum Teil hatten diese jungen Leute ziemlich unreife Vorstellungen, wie sie jetzt in Frankreich mit den Kollaborateuren und Faschisten aufräumen müßten. Erschüttert waren die Schweizer von den Berichten über die menschenverachtende Behandlung der KZ-Häftlinge auf den wochenlangen Transporten kurz vor Kriegsende mit Zügen quer durch Deutschland in Richtung Süden. Bei einem dieser Transporte kamen von 4.700 Häftlingen aus Buchenwald 2.300 halbverhungert in Dachau an, die anderen waren unterwegs umgekommen.

Nach dem Bericht der St. Galler "Volksstimme" vom 14. Juli 1945 war die Reichenau geräumt worden, weil sich auf der Insel SS-Leute versteckt hatten. Das heißt, zwei Monate nach der Evakuierung setzte schon die Legendenbildung ein. Haben sich die Franzosen nicht getraut, den Schweizern zu erklären, daß man die Einwohner einfach aus hygienschen Gründen, also wegen der idealen Lage der Insel für seuchengefährdete Häftlinge, vertrieben hatte?

Der Besuch auf Schloß Mainau hat die Schweizer noch mehr erschüttert: "Das Bild, das sich uns in seinen Zimmern bot, war furchtbar. Es sind dort Opfer aus den KZs Buchenwald und Dachau untergebracht, die sich von den furchtbaren Leiden offenbar nicht mehr zu erholen vermögen und für deren Pflege wissenschaftliche Hilfe durch eine Ärztedelegation aus Paris herbeigeholt worden ist. Seit Wochen liegen dies abgemagerten Gestalten in ihren Betten, werden nach den neuesten wissenschaftlichen Methoden ernährt, ohne daß Kraft und Gesundheit in ihre Glieder zurückkehrten. Waren wir schon von dem Besuch in

Reichenau erschüttert gewesen, ... sahen wir im Schloß Mainau diejenigen, die wohl nicht wieder zum Leben zurückkehren werden; ein kleiner Friedhof befindet sich auch schon in dem großen Park, und er wird größer werden." Positiv vermerkten die Journalisten, daß de Lattre Angehörige der Häftlinge aus Frankreich hatte kommen lassen, die bei der Pflege mithalfen.

Neuer Tourismus auf der Reichenau

Die meisten Deportierten konnten schon nach wenigen Tagen weiterreisen, sie wurden mit Hilfe des Sanitätsdienstes der Schweizer Armee über die Schweiz nach Frankreich zurückgebracht. De Lattre de Tassigny bestätigt auch in seinem Buch, daß die meisten nach Hause drängten, und in den Berichten der Häftlinge kommt dieser Wunsch auch immer wieder zu Ausdruck. Es stellt sich ohnehin die Frage, ob die Bauernhäuser der Reichenau als Erholungsstätte für entkräftete Häftlinge unbedingt geeignet waren. Bei den länger Zurückbleibenden wurden die Angehörigen nach Deutschland eingeladen, und schließlich entwickelte sich noch ein großes Kinderferienprogramm bei der 1. Französischen Armee. Vielleicht geht es ebenfalls auf Frau Gautier vom Roten Kreuz zurück, die General de Lattre de Tassigny am 29. Juni auch vorgeschlagen hatte, Kinder von Offizieren und Soldaten sowie Kontingente von unterernährten Kindern aus Frankreich nach Süddeutschland einzuladen. Auch die Reichenau wurde ab Juli 1945 zur "Colonie de vacances." Nach den Feststellungen des Bürgermeisters waren 200 erholungsbedürftige Soldaten und mehrere hundert Kinder da. Die Generäle de Lattre de Tassigny und Devinck erhielten im September einen französischen Orden, weil sie bis dahin 22.000

1441/5

4.12.1945

Firma

M. Hanßmann

Schwenningen.

Zollernstr.45

Wir nehmen Bezug auf Ihre Anzeige in der Landpost vom 18.11.45 und bitten um Mitteilung, in welchem Umfange und unter welchen Bedingungen Uhrenlieferungen erfolgen können.

Die gemüsebautreibende Jnselgemeinde wurde Mitte Mai evakuiert und mit Deportierten aus den KZ.-Lagern belegt. Ausser der Wegnahme von allen greifbaren Kleidungs- und Wäschestücken sind auch vielfach die Haus- und Wanduhren entwendet worden, sodass es eine ganze Anzahl Haushaltungen gibt, in denen keine Uhr mehr vorhanden ist.

Wir wären Ihnen sehr dankbar, wenn Ihnen die Möglichkeit gegeben wäre, eine größere Sendung Ihrer Uhren hierher gelangen lassen zu können und bitten um diesbezügliche Nachricht. Wir würden uns in irgend einer Form gerne erkenntlich zeigen.

Bürgermeister.

Kinder im Schwarzwald und am Bodensee untergebracht hatten. Aus den Dokumenten von Raggenbass zur Kinderverschickung im Kreis Lindau ergibt sich, daß die Franzosen dieses Programm vor allem unter dem Gesichtspunkt der Wiedergutmachung für die im Krieg durch die Deutschen in Frankreich verursachten Leiden und Schäden betrachteten: "Es sei daher recht und billig, daß seitens des deutschen Volkes alles geschehe, um die Schäden wiedergutzumachen und somit dazu beizutragen, daß das Verhältnis zwischen dem französischen und dem deutschen Volk ein besseres würde ... Wenn bei dieser Unterbringung alles nur mögliche für die französischen Kinder geschehe und sozusagen ein Wettbewerb zwischen den an dieser Aktion beteiligten Gemeinden entstehen würde, könnte hierdurch erheblich zu der Annäherung der beiden Völker beigetragen werden." Für Juli 1945 ist das eine versöhnliche Sprache, aber die vertriebenen Reichenauer haben das sicher anders gesehen.

Im September waren auf der Reichenau noch 63 Häuser beschlagnahmt, darunter 27 landwirtschaftliche Betriebe, eine schwierige Situation für die Bauern, die den Platz für ihre Wintervorräte benötigten. Die Häuser, in denen die Kinder gewohnt hatten, waren verwüstet: "Die mit Ferienkindern bewohnten Häuser befinden sich in nicht bewohnbarem Zustand. Fenster und zum Teil Türen fehlen. Die Wände sind beschmutzt und vernagelt. Böden und Treppen sind beschmutzt." (Bürgermeister, 12.9.45)

Die Restaurants blieben geschlossen, doch das Personal mußte dableiben. Gerüchte gingen um, daß Pariser Familien kommen würden und daß eine neue Evakuierung bevorstände. Das neue Programm wurde in der Soldatenzeitung "Nouvelles de France" vom 26. September 1945, die in Konstanz am Fischmarkt gedruckt wurde (Archiv des Südkuriers), genau beschrieben. Das staatliche Reisebüro "Tourisme et Travail", hinter dem das Ministerium für

Kriegsgefangene und das Nationale Empfangsbüro für die Deportierten standen, organisierte bis dahin Billigferien in Frankreich für ehemalige Kriegsgefangene und Deportierte und dehnte dieses Programm nun auf die französische Zone in Deutschland aus unter dem Motto "Ferien in Deutschland." Der erste Sonderzug fuhr am 14. September mit 700 Arbeitern aus Paris und Umgebung von Paris nach Radolfzell, ab Kehl unter der Obhut der französischen Armee. Von Radolfzell aus wurden die Urlauber in Gruppen von 80 bis 100 Personen auf die französischen Standorte im Schwarzwald und Bodenseegebiet verteilt und von der französischen Armee betreut. Die Reichenau war nunmehr ein Teil dieses Großprogramms geworden. Die letzten Reichenauer konnten im Herbst 1945 zurückkehren, die Hotels und Gasthäuser wurden erst 1948 wieder freigegeben. Bis dahin kamen immer wieder Kindergruppen. Es sollte noch einige Zeit dauern, bis sich die Verhältnisse auf der Insel wieder normalisierten. Wer die Vertreibung der Reichenauer oder die Schäden auf der Mainau beklagt, muß den Hintergrund der Deportation französischer Widerstandskämpfer in die deutschen KZs mitbedenken.
(Vgl. M. Brunhes. Raggenbass)

11.5.1946

Requirierung beweglicher Sachen
Einreichung von Anträgen für die
zeit vor 1.9.1945.

Unter Vorlage der unter OZ. 1 - 482 angeführten Entschädigungsanträge wird hiermit bestätigt, dass die irregulären Requisitionen während der Evakuierung der Jnsel Reichenau erfolgt sind. Am 17. Mai 1945 mussten sämtliche Einwohner ausser den im Ortsteil Oberzell eingewiesenen 4oo Landwirten und weiteren 5o Personen unter Mitnahme von Handgepäck die Jnsel verlassen. Die leer stehenden Wohnhäuser wurden von Deportierten belegt, die über alle zurückgelassenen beweglichen Sachen verfügen konnten. Die sachliche und rechnerische Prüfung der unkontrollierbaren Vorgänge ist im einzelnen nicht möglich.

Bürgermeister.

Normalisierung auf der Reichenau
(Südkurier 22.01.1946)

Insel Reichenau. Nun ist die Insel Reichenau wieder zu neuem, wenngleich bescheidenerem Leben erwacht. Die Inselbewohner durften in ihre Häuser zurückkehren und ihrer friedlichen Arbeit nachgehen. Jene besinnliche Ruhe, die immer im Winter über dem Inselland liegt, hält ihre Zauberhand auch in diesem Jahr über die Insel. Die Sperre am Ortseingang beim sogenannten „Bruckgraben" wurde am 1. Januar aufgehoben. Es ist somit möglich, ohne Passierschein auf die Insel zu gelangen. Es wurde aber im Südkurier schon zur Kenntnis gegeben, daß weder Gemüse, Geflügel, Fische, Eier, Wein noch Schnaps mitgenommen werden dürfen. Eine strenge Kontrolle wird durch deutsche und französische Wachposten durchgeführt, damit eine gerechte Verteilung der Produkte gewährleistet werden kann. Nur wer vom Ernährungsamt Konstanz beauftragt ist, kann beliefert werden. Für den Berufsverkehr ist seit einiger Zeit der Omnibusverkehr aufgenommen worden. Er wird jedoch nur auf die Werktage beschränkt, morgens nach und abends von Konstanz. Aus der Gefangenschaft ist ein großer Teil unserer Soldaten zurückgekehrt; der Arbeitsmangel gerade in der Landwpirtschaft wurde damit um einiges geringer.

Schlußbemerkung

Man kann sich diese Situation von 1945 heute gar nicht mehr vorstellen, und unsere Generation sowieso nicht. Wir können eigentlich nur hoffen, daß uns so etwas nicht mehr passiert, daß weder Menschen in KZs eingesperrt werden, noch daß andere deswegen aus ihren Häusern vertrieben werden, und daß die Menschheit aus Fehlern lernt. Auf jeden Fall haben wir durch unsere Arbeit einen Einblick in diese Zeit bekommen. Und uns kam es in den Interviews so vor, als dachten die Reichenauer zwar mit "Weh" und "Ach" an diese Zeit zurück, haben aber heute keine Haß- oder Rachegefühle mehr. Und auch die Briefe und Berichte von ehemaligen Häftlingen klingen durchweg versöhnlich, trotz des schweren Schicksals, das viele vor ihrer Ankunft auf der Mainau oder Reichenau durchgemacht haben. Die Zeit heilt alle Wunden, auf französischer wie auf deutscher Seite. Und wie man sieht, bauen die nachfolgenden Generationen mehr und mehr eine Freundschaft zwischen unseren Ländern auf und immer mehr Vorurteile ab.

Anhang

Französische Quellen in Übersetzung

Information für die französische Öffentlichkeit

Le Monde (Paris) 20./21. Mai 1945

Die Franzosen aus Dachau sollen auf eine Insel im Bodensee verlegt worden

Konstanz, 19. Mai

Im Verlauf der letzten Tage haben sich die Bedingungen der 3.000 französischen Deportierten der Lager Dachau und Allach, die 5 km voneinander entfernt sind, beachtlich verbessert. Die Häftlinge wurden aus dem Konzentrationslager in die Baracken der SS-Aufseher verlegt, wo mehr Luft und Platz war.

Als Ergebnis der Verhandlungen, die zwischen den Befehlshabern der I. Französischen Armee und denen der 7. Amerikanischen Armee stattgefunden haben, werden alle französischen Staatsbürger aus Dachau in spezielle Quarantänelager überführt werden. Man hat alle deutschen Bewohner von zwei Inseln am westlichen Ende des Bodensees evakuiert. Hier auf diesen Inseln, inmitten einer bezaubernden Landschaft, werden die Deportierten Kraft und Gesundheit wiederfinden, während sie auf das Ende der Quarantäne warten. Sie werden in Dörfern untergebracht und werden eine gewisse Bewegungsfreiheit genießen.

Man mußte zugleich verhindern, daß der Typhus sich weiter ausbreitet, und man wollte die Gefangenen aus den schmutzigen Bedingungen des Lagers Dachau befreien. Und man hat das Problem auf diese Weise gelöst. Man erwartet für morgen die Ankunft der ersten Gefangenengruppen, und man hofft, daß die Evakuierung innerhalb von 48 Stunden beendet sein wird.

Information für General de Gaulle

Le Monde (Paris), 23. Mai 1945

Der Besuch von General de Gaulle bei der I. Französischen Armee

(19. - 21. Mai, am 21. Mai in Konstanz)

".... Andererseits hat der Regierungschef von den Maßnahmen Kenntnis genommen, die das Oberkommando der französischen Besatzungsarmee bezüglich der Evakuierung der Franzosen aus den Konzentrationslagern Dachau und Allach soeben ergriffen hat, und zwar im Einklang mit dem Oberkommando der 7. Amerikanischen Armee, in deren Zone sich diese Lager befinden. Diese Evakuierung wird, wie man annimmt, spätestens am 31. Mai beendet sein ..."

Quarantäne auf der Reichenau

25. Mai 1945
(Gemeindearchiv Reichenau)

1. Französische Armee
Der Militärkommandant der Insel Reichenau

Anweisungen für den Wachposten auf der Insel Reichenau

1. Zugang zur Insel Reichenau:

Auf Befehl des Oberkommandierenden der Armee dürfen die Insel Reichenau, auf der Sanitärzentren eingerichtet sind, nur diejenigen Personen betreten, die einen Passierschein der nachfolgenden Militärbehörden vorweisen können:

- *Der Oberkommandierende*
- *Brigadegeneral de la Villeon, Gouverneur von Konstanz*
- *Der Generalarzt und Chef des Sanitätswesens der 1. Französischen Armee*
- *Oberstarzt David*

2. Puderdusche:

Jeder Besucher, der die Insel verläßt, muß durch die Puderdusche hindurch und muß, um den Wachposten passieren zu können, eine Puderbescheinigung vorlegen (Das Papier muß den Stempel des leitenden Arztes haben. Muster beigefügt = Centre d'Accueil de L'Ile de Reichenau, Le médecin chef).

3. Verpflegung der Insel:

Die Lastwagen, die die Versorgung der Insel sicherstellen oder Wäsche für die Deportierten transportieren, dürfen auf die Insel fahren und ihr Ladegut beim Rathaus (Lebensmittelmagazin) abladen. Ihre Chauffeure müssen sich vor Verlassen der Insel der Puderdusche unterziehen.

4. Ankunft der Deportierten:

Bei der Ankunft der Lastwagen mit Deportierten wird der Wachposten einen Unteroffizier bereitstellen, der den Konvoi zu den Duschen begleiten wird, und 4 Soldaten unter Waffen, die während des Durchgangs der Deportierten durch die Sektion D.D.T. für Ordnung sorgen werden.

5. Ausfahrt der Gemüsegärtner:

Die Gemüsegärtner erhalten die Erlaubnis, dienstags, donnerstags und freitags um 15 Uhr die Insel mit ihrer Gemüseladung zu verlassen. Sie werden von zwei Soldaten unter Waffen bis 800 Meter nach der Brücke begleitet (kleines weißes Haus rechts der Straße), wo die Lastwagen abgeladen werden. Es darf zwischen den Gemüsegärtnern der Insel und den Leuten aus Konstanz, die deren Produkte abholen, kein Kontakt entstehen.

6. Patrouillen auf der Insel:

Auf der Insel werden bewaffnete Patrouillen eingerichtet, die dem diensthabenden Offizier des Wachpostens unterstehen.

Kommandostand, 25. Mai 1945
Gez. Hauptmann und Arzt Lenck
Kommandant der Insel Reichenau

Offzieller Besuch auf der Reichenau und der Mainau

Simone de Lattre, Jean de Lattre, mon mari, Bd. 2, Paris 1972, S. 23 - 26.

26. Mai 1945

"Zwei Tage später begleitete ich Jean (de Lattre) nach Konstanz zum Besuch der Hospitalisierungszentren Mainau und Reichenau, wo die Deportierten aus Mauthausen, Dora oder Dachau gepflegt wurden. Die Internierungslager befanden sich zum größten Teil im Bereich der Amerikaner. Diese hatten wegen des Typhus die Lager unter Quarantäne gestellt, und es war viel Diplomatie erforderlich gewesen, um die Zustimmung der Amerikaner zum Abtransport der Häftlinge zu erreichen. Der Oberkommandierende der 1. Armee hatte sich persönlich dafür eingesetzt, Hunderte von französischen und belgischen Bürgern zurückzuholen, noch bevor die Fristen für eine Nichtansteckung abgelaufen waren. Für ihre Überführung in die französische Zone hatte man drakonische Hygienevorschriften befolgen müssen.

Yves Farge, Kommissar der Republik in Lyon, in Begleitung des Chefredakteurs der Zeitung "L'Humanité", Cogniot, und einer jungen Journalistin auf Informationsfahrt (Claudine Chonez) durchreisten damals die Besatzungszone. Sie legten ganz besonderen Wert darauf, die beiden Zentren zu besichtigen.

Die Fahrt von Lindau nach Konstanz erfolgte auf dem Wasserweg. Die Sonne strahlte, eine kleine Brise schuf leichte Wellen über den See. Vom Motorboot "Rhin et Danube" aus entdeckte man die Berge am Schweizer Ufer in leichten Wolken, was auf die Fortsetzung des schönen Wetters schließen ließ.

Um 10 Uhr landeten wir an der Holzbrücke des Konstanzer Landestegs. Das 12. Dragonerregiment, ein Aufklärungsregiment der 14. Division, die ganz aus FFI-Soldaten bestand, erwies uns die militärischen Ehren.

Das Ende des Vormittags war den Einrichtungen auf der Reichenau gewidmet. Ein Krankenhaus, kleine Hotels und Privathäuser waren beschlagnahmt und rasch hergerichtet worden, um Genesende aufzunehmen.

Unter der Führung von General Devinck und von Frau Gauthier, einer Französin von großer Gestalt, stolzer Haltung und sicherer Autorität, die die Wohltaten des Schweizer Roten Kreuzes verteilte, gingen wir von einem Haus, von einem Bett zum andern und zuletzt zum Spital, wo sich die schwersten Fälle befanden. Überall wurden wir erst zugelassen, nachdem wir mit dem amerikanischen Desinfektionsmittel DDT besprüht worden waren. Was für ein menschliches Elend! ...

Die Männer sahen alle aus wie rachitische Heranwachsende mit hervortretendem Kiefer, unproportionierten Gliedern, riesigen Augen. Die wenigen Frauen sahen noch erbärmlicher aus, graue Haut, schlaffe Brust, farblose Haare, stumpfer und verschwommener Blick. Unterwegs notierte ich Adressen, Empfehlungen. Manche hatten seit Jahren jeden Kontakt mit ihren Familien verloren. Es war gespenstisch!

Mit uns durchliefen die Säle, bevor sie abends ein Konzert gaben, die "Compagnons de la Chanson", die aus Lyon gekommen waren, und Studenten aus Wilno (Litauen), "Displaced Persons", die quer durch Europa irrten und die eine Folkloregruppe mit Liedern und Tänzen gebildet hatten. Die einen wie die anderen waren ohne Bezahlung gekommen, um diese Unglücklichen zu zerstreuen. Jean dankte ihnen lebhaft und ermutigte sie.

Unser Mittagessen fand auf der Mainau statt. Auf diesem prachtvollen Besitz des Prinzen Bernadotte waren die Schwerkranken zusammengeführt worden, die Tag und Nacht die Pflege von Spezialisten benötigten, die man unter den besten Ärzten im Aktivdienst oder der Reserve des Sanitätsdienstes der Armee ausgewählt hatte.

Im Laufe des Essens erklärten uns diese, versammelt um Professor Lamy, die Therapie, die sie in diesen Fällen von Mangelerscheinungen anwandten: "Sehr of geht es darum, den Organismus wieder an eine dosierte und regelmäßige Ernährung zu gewöhnen. Wie bei Säuglingen muß man ihnen sehr wenig auf einmal geben, und dies alle zwei oder drei Stunden. Nahezu alle sind nicht in der Lage, sich aufrecht zu halten oder auch nur zu sitzen. In den ersten Tagen sind viele an Lungenentzündung, Herzanfällen, Arterienentzündung gestorben. Sie sind verbraucht ... am Ende. Wenn sie plötzlich und ohne Übergang wieder ein normales Leben mit normaler Nahrung führen würden, bedeutete dies für die Mehrzahl unter ihnen ein brutales Ende."

Nach dem Mittagessen trafen wir uns wieder auf dem kleinen Friedhof im Schatten der Weiden und Kiefern. Es gab mindestens etwa 100 (?) frisch bepflanzte Gräber, hundert Unglückliche, die die größte Hoffnung auf eine wiedergefundene Freiheit erfahren hatten und die sich nicht mehr am Leben hatten festkrallen können, ihre Familie, ihr Heimatland, ihre Freunde nicht mehr hatten wiedersehen können. Es war ergreifend. Jean weinte und betete vor diesen Holzkreuzen, von denen einige nur eine Registriernummer trugen .... diese Nummern, die ich wenige später auf der Brust oder dem Arm der Überlebenden eintätowiert sah.

Niemals werde ich das Lächeln dieses jungen 20-jährigen Juden vergessen, einer der wenigen, die aus Auschwitz gerettet wurden, der einzige Überlebende seiner ganzen Familie und gerade noch 18 kg schwer, wie er die Orange, die ich ihm reichte, betrachtete und streichelte!

Wir waren alle sehr beeindruckt während der Visite in den Krankenzimmern. Die Hauptsorge von Jean bestand darin, die schnellste Möglichkeit zu finden, die Familien zu benachrichtigen und ihre Aufnahme und Unterbringung einzuplanen, wobei man allerdings die Vorsichtsmaßnahmen der Quarantäne bei den Typhuskranken beachten mußte. Die Kräftigsten unter den Patienten hatten sich im großen Saal des Schlosses und auf der Vortreppe versammelt - der General sollte einige Worte zu ihnen sprechen -, die einen trugen noch ihre gestreifte Kleidung, ähnlich einem Pyjama; andere (welch grausame Ironie) hatten von deutschen feldgrauen Uniformen profitiert, die man aus Magazinen besorgt hatte. Die Jacken schlotterten über den zu schmalen Schultern. Einige hatten ihre Ausstattung mit den kurzen schwarzen Stiefeln der SS vervollständigen können ... Frankreich war siegreich, aber arm!...

Die Sonne ging in ihrem ganzen Glanze unter und verschwand in den Fluten des Sees, als wir im Insel-Hotel ankamen. Trotz der riesigen Freude, die ich empfand, als ich endlich meinen (Sohn) kleinen Gefreiten vom 2. Dragonerregiment in die Arme schließen konnte, schön und stolz auf seine Heldentaten, in Begleitung seines Vetters Jean de Marcé, der Alptraum dieses Tages unter den Deportierten sollte mich noch lange verfolgen."

Evakuierungszahlen

Telegramm von General de Lattre de Tassigny an das Büro von General de Gaulle, Chef der provisorischen Regierung in Frankreich

(aus: J. de Lattre, Reconquérir. Ecrits 1944-1945, Paris 1985, S. 324)

Lindau, 27. Mai 1945

I. Teile Ihnen mit, daß bis heute morgen, 27. Mai, alle transportfähigen Deportierten, gesunde wie kranke, d.h. ungefähr 5.000, aus den Lagern Dachau und Allach sowie den Außenlagern Landsberg und Fürstenfeldbruck evakuiert worden sind. -stop-. 1.000 direkt zum Aufnahmezentrum Mülhausen (Elsaß) und ungefähr 4.000 in die Zone der I. Französischen Armee in die Region Konstanz transportiert. -stop-. Für letztere ist Mitteilung über Befreiung gleichzeitig per Telegramm und Post an alle Familien gerichtet worden. -stop-.

II. Als einzige bleiben transportunfähige Kranke an Ort und Stelle zurück: d.h. 10 Typhuskranke in Allach, in Dachau im amerikanischen Krankenhaus ungefähr 300 Typhuskranke und in der französischen "Vatikanischen Mission" 52 Kranke verschiedener Art. Für diese 52 benachrichtigen wir die Familien heute Nacht telegraphisch. -stop-. Drängen darauf, die Namensliste der 310 Typhuskranken zu haben und gleichfalls Familien zu benachrichtigen. -stop-.

III. Von den 4.000, die in der Zone Konstanz angekommen sind, werden gerade 2.500 in Richtung Frankreich weitertransportiert, kleine Minderheit mit Lastwagen, fast die Gesamtheit mit Lazarettzügen über die Schweiz. -stop-. Diese Rückführung wird wahrscheinlich Ende dieser Woche abgeschlossen sein. -stop-.

IV. Für die 1.500 Schwerkranken, die gegenwärtig in der Region Konstanz gepflegt werden, ist die Ansicht der Ärzte, daß es angemessen ist, sie für einige Zeit in Behandlung am Ort zu behalten, aufgrund der Anstrengungen bei einer Fortsetzung der Reise und aufgrund der ausgezeichneten Bedingungen der örtlichen Verpflegung. -stop-. Die Kranken akzeptieren übrigens diese Lösung. -stop-. Aber es wäre angebracht, Besuche ihrer Familien vorzusehen. -stop-. Wir können alle Fragen zu Transport und Unterbringung ab Straßburg übernehmen. -stop-.

Pathetischer Empfang am Bodensee

Bulettin d'Information de la Ière Armée Francaise
Nr. 181, 31. Mai 1945
(Archiv des Südkurier Konstanz)

DIE ERSTE FRANZÖSISCHE ARMEE EMPFÄNGT DIE DEPORTIERTEN VON DACHAU

Das äußerst knapp gefaßte letzte Telegramm von Himmler war von perfekter Genauigkeit: Das KZ Dachau sollte von seinen deutschen Bewachern geräumt werden, jedoch erst nachdem die Gefangenen alle liquidiert worden wären. Angemessener war die Formulierung: erschossen. Im Verlaufe des Besuchs, den General de Lattre de Tassigny den ehemaligen Deportierten des berüchtigten Lagers von Dachau abgestattet hat, ist uns diese Präzisierung 100 Mal berichtet worden. Diejenigen, die uns davon erzählten, hüteten sich wohl, die unwürdige Ausdrucksweise zu verwenden. Sie zeigten keine Empörung, keinen Schrecken, sondern sie informierten ruhig, ernst. Ein weiteres Beweisstück von wesentlicher Bedeutung kann der Akte Himmler hinzugefügt werden.

An dies wird man sich erinnern müssen: Die politischen Deportierten, Gefangene des KZs Dachau wurden aus Mangel an Zeit nicht hingerichtet, da die Ankunft der amerikanischen Truppen die Deutschen zur Flucht gezwungen hatte.

Es wird das unermeßliche Verdienst des Generals de Lattre de Tassigny sein, unsere Landsleute aus dem Lager Dachau in den französischen Wirkungskreis zurückgeführt zu haben und sie in die Obhut der Ersten Armee aufgenommen zu haben. Es wird der unermeßliche Verdienst seines

Mitarbeiters General Devinck sein, der es verstanden hat, für sie die Bedingungen eines materiellen und moralischen Lebens auszuarbeiten und dann zu organisieren, von denen sie alle sehr angetan waren.

Zwei kleine Inseln im Bodensee sind ausgewählt worden, um diejenigen aufzunehmen, die über alle Maße gelitten haben; zwei friedvolle und liebliche Zufluchtsorte in einer liebenswerten Natur unter einem festlichen Licht.

Um ihre so erschöpften und schmerzenden Körper auszuruhen, haben die Deportierten helle und saubere Wohnungen gefunden. Um sich wiederzufinden und um die Heimreise nach Frankreich aufzunehmen, waren freundliche Helfer da: Mitstreiter von gestern, um ihre Schritte zu stützen und um auf ihre ersten Worte zu antworten; Frauen vom Roten Kreuz, um sie zu pflegen und um mit ihnen über die bevorstehende Rückkehr, über die Genesung, über die Familie zu sprechen ...

Am Eingang dieser Inseln des prophezeiten Glücks hatte die Erste Französische Armee, die den Empfang organisierte, ihre Willkommensgrüße auf schönen hellen Tafeln ausgedrückt, die von den Nationalfarben umrandet waren und auf denen stand: "Frankreich, dem Ihr soviel gegeben habt, erwartet Euch und liebt Euch." So begann die erste Wegstrecke der Deportierten in Richtung Frankreich.

Im Verlaufe seines Besuchs, der einen ganzen Tag dauerte und der mit Details und mit persönlichen Berichten ausgefüllt war, hat General de Lattre schreckliche Geschichten gehört; aber ich wage zu sagen, daß er vor allem die echtesten und glühendsten Bekenntnisse von Hoffnung und Glaube erhalten hat. Diese gepeinigten Männer, diese schmerzgeplagten Männer, die aus einer Welt kommen, in der es keinen Platz zum Leben gibt, sprechen von kommenden Tagen; sie gehören der Zukunft.

In einer Gruppe fand der General die drei Weggefährten wieder, die er in seiner Haft in Toulouse getroffen hatte und die ihm dort eine Marseillaise des Aufstandes und der Hoffnung gesungen hatten, zwei Schritte weg von den deutschen Posten. Er fand auch andere bekannte Gesichter aus gemeinsamen Kriegstagen wieder; und alle seine Worte wurden aufgenommen, weitergegeben und wiederholt.

"Die Erste Französische Armee, die geschlossen hinter ihrem Chef General de Gaulle steht", sagte er, "hat sich für die Größe Frankreichs geschlagen; und sie wurde in allen ihren Kämpfen von dem beständigen, dem glühenden Willen getragen, Eure Rückkehr zu beschleunigen."

Auf den armen Gesichtern der Zuhörenden, die von Vertrauen und Liebe überwältigt waren, flossen ohne Scheu, ohne Beschämung Tränen.

Als Antwort an den General sangen die Deportierten von Dachau die Nationalhymne, wie sie ohne Zweifel noch nie zuvor gesungen worden war."

Tourismus besonderer Art

Nouvelles de France et du Monde
Nouvelle Série, Nr. 1 vom 26. September 1945
(Gedruckt am Fischmarkt in Konstanz, vorhanden im Archiv des Sükurier Konstanz)

"Neue Formel, die fruchtbar sein dürfte."

"Für 1952 Francs bietet Ihnen die Nationale Vereinigung "Tourismus und Arbeit" in Zusammenarbeit mit der Besatzungsarmee in einer weiten Rundreise Paris-Konstanz zwei Wochen schöne und gute Ferien."

"MIT DEN PARISER "TOURISTEN" AUF DIE INSEL REICHENAU"

von
Mab Brunhes

Einmal mehr der Zufall: Die "Vorsehung" der Journalisten hat wieder einmal meine Schritte gelenkt.

Unser Jeep wird irgendwo auf der kurzen Strecke Konstanz-Reichenau gestoppt: Auftrag, Fahrtenbuch. Zwei Zivilisten, die per Anhalter reisen, nutzen die Gelegenheit, und eine sehr pariserische Stimme informiert sich: "Entschuldigen Sie, Herr Leutnant, fahren Sie nicht zufällig zur Reichenau ... wir sind vom Zentrum "Tourismus und Arbeit" Genau dort wollen wir hin, und zwar zum ersten Mal.

Erfreut über den Glücksfall, läßt sich das Paar im Auto nieder und stellt sich während der Fahrt in angenehmer Weise einem "Vorinterview".

Sie kommen von Lindau, Innsbruck, nach einem kurzen Aufenthalt am Brenner. Acht Tage Ausflüge im grandiosen Panorama Tirols, von wo sie begeistert zurückkehren. Jetzt streben sie zur Reichenau zurück, denn die große Abreise ist auf Samstag, 28. September, festgelegt.

Nun sind wir im Herzen der Insel angekommen, genauer gesagt der Halbinsel - denn ein langer Damm mit einer Straße führt dorthin. Ursprünglich war die Reichenau zu Beginn der Besetzung das Aufnahmezentrum für Kriegsgefangene und Deportierte, dann, nachdem diese Einrichtung ihre Daseinsberechtigung verloren hatte, richtete sich dort eine Ferienkolonie für Kinder ein (Das Rote Kreuz und Vertreter der 14. Infanteriedivision hatten damals die Leitung).

Nun stehen seit 14. September die verschiedenen Gebäude der Insel den französischen Touristen von "Tourismus und Arbeit" zur Verfügung.

Wir bitten natürlich die Künstlergruppe um einige ihrer populären Chansons. Bereitwillig stimmte sie zu und bezauberte fast eine halbe Stunde lang ihre Landsleute.

Am Ende dieser anmutigen Vorführung kehrten wir noch einmal zu unseren liebenswürdigen "Trampern" vom Vormittag zurück, die uns noch einige weitere Erläuterungen geben wollten, vor allem über die Reisekarte von "Tourismus und Arbeit", die sehr gut durchdacht ist und ein Merkblatt mit Informationen über die Organisation der Reise im Schwarzwald, Württemberg, Tirol usw. enthält. Dieses Reiseheft, ein wahrer Passierschein, ist in der französischen Besatzungszone für eine Dauer von maximal 16 Tagen gültig.

Unter den freundlichen Zuhörern beim Interview finden sich ein Buchhalter aus der Industrie, ein Buchdrucker, eine Büroangestellte, ein Bankangestellter, dann zwei Metallarbeiter und ... eine Verkäuferin von den Galeries Lafayette!

Alle äußern sich sehr zufrieden, ihre Gesichter bekunden die ausgezeichnete Qualität des Aufenthalts, der ihnen dank "Tourismus und Arbeit" und dank verschiedener Armeedienststellen unvergeßliche Ferien im Kreis der ihren ermöglicht hat, und dies bei ausgezeichnetem Komfort und günstigen Bedingungen.

Man kann den neuen Geist und die Bande der Einheit zwischen Armee und Nation nicht besser ausdrücken und wiedergeben, als wenn man diese schlichten und ergreifenden Sätze von General Valluy wiedergibt, die er an eine Delegation der Firma Renault richtete, als diese dem 3. Marokkanischen Artillerieregiment eine Standarte übergab: "Das Wohl der Nation verlangt eine ständige, umfassende soziale und politische Harmonie in Friedens- wie in Kriegszeiten zwischen den Armeeführern und den Bürgern jeden Standes, Lehrlingen, Rekruten, erprobten Soldaten, Kämpfern in vorderster Linie, Reservisten, Territorialsoldaten, Handwerkern und Arbeitern, die diese Armee bilden. Es gibt nicht auf der einen Seite, was man üblicherweise Armee nennt, und dann den Rest: Es gibt ein Ganzes, das um das gleiche Verbindungszentrum angeordnet ist und von der gleichen Flamme in der gleichen Leidenschaft verschmolzen wird ..."

Diese Organisation, deren Sitz sich in Paris, 58 rue d'Hauteville, befindet, hat unter der Schirmherrschaft des Ministeriums für Kriegsgefangene und des Nationalen Empfangskomitees eine weites Netz von Hotelzentren geschaffen, die für einen täglichen Tarif zwischen 100 und 150 Francs den betreffenden eine Ferienatmosphäre in sehr komfortablen Hotels bieten. Und dies in allen Regionen Frankreichs und in erste Linie für Kriegsgefangene und Deportierte.

Indem sie nun ihre "Horizonte" erweiterten und ihre unermüdlichen Bemühungen fortsetzten, konnten die Verantwortlichen von "Tourismus und Arbeit" nun soeben mit Hilfe des Oberkommandierenden und der Militärregierungen in den besetzten Gebieten die Formel "Ferien in Deutschland" verwirklichen.

Der erste Sonderzug startete am 14. September am Pariser Ostbahnhof. Etwa 700 Reisende, aus den verschiedensten Kategorien von Arbeitern aus der Hauptstadt und ihren Vororten, bildeten die Gruppe.

Der Minister für Arbeit und öffentliche Bauten, Herr Parodi, hatte von vornherein Wert darauf gelegt, den "Touristen" eine gute Reise zu wünschen.

Straßburg-Kehl. Nach Passieren der Grenze wacht eine Abteilung Soldaten bis Radolfzell über die Sicherheit der Reisenden. In Offenburg, der ersten bedeutsamen Stadt in Deutschland, bringt das 151. Infanterieregiment ein Ständchen.

Radolfzell: Endstation der Bahn - der Zug teilt sich in mehrere Abschnitte auf, nacheinander bringen Armeelastwagen einen Teil der Reisenden (etwa 80 bis 100 Personen) Richtung Triberg, Singen, Lindau, Ravensburg und Reichenau.

Für Kost und Logis der Pariser auf der Reichenau ist das 31. Jägerbataillon der 14. Infanteriedivision zuständig. Der Sozialdienst der Division in Konstanz übernimmt auch die Sektion "Vergnügungen". Schwierige Probleme, es gelingt jedoch Oberstleutnant Bobo, der diese Divisionsdienststelle leitet, sie zu lösen und zu einem guten Ende zu bringen.

Zusammenfassender Bericht

Die Rückführung der französischen Deportierten durch die Erste Armee

in: Revue d'Information des troupes francaises d'occupation en Allemagne, Nr. 23/August 1947, S. 23-25 (Archives de l'Occupation, Colmar)

Die Rolle der Ersten Französischen Armee bei der Rückführung der französischen Deportierten ist wenig bekannt. Es ist nicht zu spät, um den Bericht über die Beteiligung der französischen Armee an diesem Werk zu bringen, das seinem Charakter nach von extremer Dringlichkeit und von herzergreifendem Interesse war.

Die Erste Armee unter dem Oberbefehl von General de Lattre de Tassigny vollendet kaum ihren siegreichen Marsch vom Rhein nach Österreich, als sich die Aufmerksamkeit ihres Chefs auf die Lager der Deportierten richtet, besonders auf das allzu berüchtigte Dachau, in denen sich Tausende von Franzosen befinden. Diese Lager liegen alle in der amerikanischen Besatzungszone.
Unglücklicherweise wütet der Typhus in Dachau und Allach. Die Anzahl der Typhuskranken ist gewaltig - mehr als tausend in Dachau -, und die amerikanischen Sanitätsdienste verweigern bis zum Ende der Quarantäne (in Dachau 25. Mai, in Allach 27. Mai) jegliche Evakuierung nach Frankreich.
Sie vertreten die Ansicht, daß es heißen würde, die größten Verantwortlichkeiten auf sich zu laden, die Internierten freizugeben, selbst diejenigen, die einen gesunden Anschein machen, denn jeder steht im Verdacht, in der Inkubationsphase zu sein, und würde die Gefahr darstellen, wenn die Krankheit ausbrechen sollte, der Ausgangspunkt eines neuen Epidemieherdes zu werden.

Dennoch muß man aus der Sackgasse herauskommen. General de Lattre urteilt, daß es wesentlich ist, so schnell wie möglich die französischen Deportierten aus dieser unheilvollen Atmosphäre der Lager herauszuholen. Egal ob sie gesund oder krank sind, man muß sie mit dem Maximum an Schnelligkeit in die von der Französischen Armee besetzte Zone zurückbringen, wo sie von den notwendigen Aufmerksamkeiten und der nötigen Pflege nach ihrem grausamen Schicksal umgeben sein werden.
Es handelt sich also darum, die amerikanischen Behörden zu überzeugen und deren Zustimmung zu erreichen.
Das ist der Befehl, den der Oberkammandierende der Ersten Armee in der Nacht vom 14. auf den 15. Mai dem Artilleriekommandanten General Devinck gibt.
Dachau und sein Außenlager Allach befinden sich 15 km nordwestlich von München auf dem Gebiet der 7. Amerikanischen Armee.
Straßburg ist 360 km, Augsburg, Ulm, Tübingen und Konstanz mehr als 280 Straßenkilometer davon entfernt. Diese Entfernungen müssen im übrigen beträchtlich erhöht werden aufgrund der Zerstörungen von Straßen, die manchmal zu langen Umwegen zwingen.
Keine Eisenbahnlinie auf dem rechten Rheinufer funktioniert. Was Transportflugzeuge betrifft, ist die Französische Armee nicht darauf vorbereitet, und die der Alliierten reichen nicht aus für die Aufgaben in der englischen und amerikanischen Zone.
Die Evakuierung kann also nur auf dem Landwege und aufgrund des Gesundheitszustandes der Deportierten, der viel Schonung erfordert, nur in kleinen Etappen erfolgen.

Sofort nach Erhalt des Befehls von General de Lattre begibt sich General Devinck nach Augsburg, Sitz von General Patch.
Um 20 Uhr gibt der Oberkommandierende der 7. US-Armee sein Einverständnis zu dem Abkommen, das mit dem amerikanischen Sanitätsdienst lange diskutiert worden ist. Es erlaubt die Evakuierung der französischen Deportierten in die Zone der Ersten Französischen Armee unter dem strikten Vorbehalt, daß keiner von ihnen vor dem Ende der Quarantäne nach Frankreich einreisen darf.
In der Nacht vom 15. auf den 16. Mai wurde General de Lattre in Lindau ein mündlicher Bericht erstattet, worauf er auf der Stelle General Devinck beauftragte, die Rückführung in noch zu bestimmende Orte der Konstanzer Region zu organisieren und zu leiten, wo der Komfort und die maximale Pflege für die Deportierten bereitgestellt werden sollten.
In der Tat ging es darum, schnell zu handeln, das Maximum mit Aufopferung und Zuneigung zu erreichen.
Am 17. Mai wurde dann in Regensburg, Sitz von General Patton, Kommandant der 3. Amerikanischen Armee, ein ähnliches Abkommen für die Konzentrationslager, die ihren Standort im Bereich dieser Armee besaßen, getroffen.

Am Vormittag des 16. Mai wird das Unternehmen gestartet. Der Betrieb in den Hospitalisierungszentren und der medizinische Dienst werden dem Arzt Oberstleutnant David anvertraut. Im Lager Dachau wird eine ständige Vertretung unter dem Befehl von Oberst Lassue eingerichtet. Die Organisation der Lastwagenkonvois und der Lebensmittelversorgung unterstehen dem Aufgabenbereich des 4. Büros des Generalstabs der Ersten Armee. Außerdem werden verschiedene Dienste der Armee, der Territorialkommandanten und des Französischen Roten Kreuzes einbezogen.

Das Hilfskomitee für Kriegsgefangene, das von Frau S.M. Gauthier aus Bern geleitet wird, trägt eine wertvolle Hilfe bei unter dem direkten Impuls von Frau Gauthier, die in Konstanz ist.
Nachdem die Basis der Organisation errichtet ist, geht es darum, schnell und unbürokratisch zu handeln. Jeder vervielfältigt sich in seinen Aktivitäten, läßt sich in einer ergreifenden Leidenschaft Ideen einfallen.
Die Organisation der Hospitalisierungszentren bildet den Gegenstand besonderer Sorgfalt. Es sollte großzügig und komfortabel aussehen.
Die Region Konstanz, die unversehrt geblieben ist, mit ihren vielfältigen und unterschiedlichen Möglichkeiten, mit ihren malerischen Landschaften, wird ausgewählt, und zwei Inseln werden von vornherein reserviert, die Insel Mainau (45 ha groß), mit einem eingerichteten Schloß - und einem prächtigen Park. Unter der strahlenden Sonne erscheint dieser Ort entzückend und besonders erholsam. Und die Insel Reichenau (5 km lang, 1.5 km breit) mit ihren zahlreichen Hotels ... gilt als der Garten der Stadt Konstanz.
Alle bequemen Wohnmöglichkeiten werden auf der Stelle beschlagnahmt. Eine reichliche Verpflegung wird vorbereitet. Das einfache Arbeitspersonal wird von der Bevölkerung der Inseln gestellt: Köche, Bäcker, Metzger, Fleischer, Friseure, Hotelpersonal usw....
Ein Freizeitangebot wird vorgesehen.
Eine massive Hilfe an Kleidung und Gebrauchsgegenständen wird von Frau Gauthier vorbereitet.
Nach 24 Stunden sind diese zwei Hospitalisierungszentren bereit, Hunderte von kranken und gesunden Deportierten zu empfangen.

Unaufhaltsam, mit einer unermüdlichen Aktivität erweitert der Arzt Oberstleutnant David seine Pflegemöglichkeiten, indem er andere Orte und die Sanatorien des Schwarzwaldes beschlagnahmt. Diese letzteren müssen tuberkulosekranke Deportierte aufnehmen, die es leider in großer Zahl gibt.
Gleichzeitig regelt Oberst Lassue in Dachau mit den Komitees der Deportierten und den amerikanischen Behörden die Modalitäten der Evakuierung unserer Landsleute.
Die Evakuierungskonvois, echte Sanitätskonvois, werden organisiert. Das Maximum an Krankenwagen ist vorhanden.
Der Reiseweg, die Fahrtzeit, die Zusammenstellung der Konvois werden festgelegt. Jeder Konvoi ist mit Ärzten, Krankenpflegern und Medikamenten ausgestattet.
Um die Kapazität der Konvois zu erhöhen, liefern die Artillerieregimenter umgerüstete Fahrzeuge mit Sitzen und Matratzen usw..
Überall erzielen die großzügige Hilfe und das weitgehendste Verständnis ihre Wirkung.

Der erste motorisierte Konvoi zur Rückführung fährt am Morgen des 17. Mai in Richtung Dachau. Kaum 24 Stunden sind seit dem Abkommen verflossen, das mit den amerikanischen Behörden getroffen worden ist.
Man muß beachten, daß 48 Stunden für einen motorisierten Konvoi erforderlich sind, um die Hin- und Rückreise Dachau - Konstanz (fast 600 km) zu bewältigen. Die Rückreise dauert viel länger aufgrund der zahlreichen Stopps, die durch den Zustand der kranken Deportierten hervorgerufen werden.

Die ersten Nachrichten aus den Lagern Dachau und Allach ergeben:
Dachau: 3.200 Franzosen, darunter eine große Anzahl an Typhuserkrankten und anderen Kranken.
Allach: 1.640 Franzosen, darunter wenige Kranke.
Außer an Typhus erkrankten viele Deportierte aus Dachau an heftiger Ruhr. Eine ziemlich große Zahl war transportunfähig. Sie wurden in Dachau entweder im amerikanischen Hospital oder in der Pflegestation, die "Mission Vaticane" genannt wurde, behandelt.
Der Anblick der kranken KZ-Häftlinge, der bis auf die Knochen abgemagerten Sterbenden, hinterließ einen tiefen Eindruck bei den Soldaten der Ersten Armee, die an den Arbeiten der Rückführung teilnahmen.
Vom 17. Mai an fahren jeden Tag immer bedeutendere Konvois nach Dachau und führen in erster Dringlichkeit die kranken, aber transportfähigen Häftlinge zurück, dann die gesunden Häftlinge. Die ersten KZ-Häftlinge erreichen die Insel Mainau am 18. Mai.
In den folgenden Tagen kommen die KZ-Häftlinge zu Hunderten in den Krankenzentren der Region Konstanz an, wo sie mit der hingebungsvollsten und genauesten Pflege bedacht werden.
Der Ablauf der Evakuierung ist so, daß vom 23. Mai an mehr als 500 Deportierte täglich zurückgeführt werden.

Am 21. Mai versprach die amerikanische Armee eine bestimmte Anzahl von Flugzeugen, um die Evakuierung Dachaus vom 25. Mai an und Allachs vom 27. Mai an zu sichern. Das waren die Zeitpunkte, an denen die Quarantäne endete.

Es wurde entschieden, daß die Rückführung der Kranken und Gesunden in die Zone der Ersten Französischen Armee auf jeden Fall ununterbrochen fortgeführt würde. Als Folge der kritischen Situation im geschwächten Frankreich war man der Ansicht, daß gerade die von der ersten Französischen Armee besetzte Zone die optimalen Vehältnisse für den Komfort, die Verpflegung und die Behandlung der kranken Deportierten aufwies.
Die Flugzeuge, die von den amerikanischen Behörden zur Verfügung gestellt wurden, sollten allesamt für den Transport von gesunden Deportierten nach Frankreich benutzt werden.
Am 22. Mai schloß man in St. Margarethen einen Vertrag mit den Schweizer Behörden ab, der die Rückführung der Deportierten nach Frankreich mit Schweizer Sanitätszug, einem vollständigen mit 500 Plätzen oder einem halben mit 250 Plätzen, sichern sollte.
Am 25. Mai, dem Tag, an dem die Quarantäne der KZ-Häftlinge aus Dachau endete, transportierte ein kompletter Sanitätszug 500 KZ-Häftlinge von der Reichenau nach Frankreich.
Nach dem 27. Mai blieben nur noch diejenigen in Dachau, die krank und nicht transportierfähig waren (mehr als 300 an der Zahl). Indessen hatte man alle Maßnahmen ergriffen, um sie, sobald sie körperlich die Reise überstehen würden, in die französische Zone zu transportieren.
Am 3. Juni werden 150 bettlägrige kranke Deportierte, die auf dem Wege der Genesung vom Typhus waren, in den Bereich der Ersten Armee evakuiert.
Am 6. Juni werden 167 Deportierte unter den gleichen Bedingungen evakuiert.

Es bleiben am 6. Juni in Dachau/Allach nur noch 9 Deportierte übrig, die noch transportunfähig sind und deren Evakuierung individuelle Maßnahmen erfodern wird.
Gleichzeitig führte die Erste Armee während dieser Zeit die Rückführung von internierten Franzosen aus den Lagern in Oberbayern (Landsberg, Fürstenfeldbruck usw..) durch. Anfang Juni (4. - 6. Juni) bewältigte sie außerdem die Evakuierung von mehr als 400 bettlägrigen Kranken aus den Lagern von Mauthausen-Gusen (Niederösterreich), die in die Hospitalisierungszentren der Armee aufgenommen wurden.
So hat die Erste Französische Armee innerhalb von 10 Tagen alle transportfähigen französischen Deportierten, die sich in Oberbayern befanden, evakuiert. Ihre Zahl belief sich auf fast 7.000.
Dieser Bericht illustriert die Anstrengung, die mit einer außergewöhnlichen Begeisterung und Hingabe von allen Mitgliedern der Ersten Französischen Armee geleistet wurde, die an dieser Rückführung teilnahmen.
Trotz der zahllosen Schwierigkeiten, dem Fehlen von telefonischen und anderen Verbindungen zwischen den Lagern der Deportierten in der amerikanischen Zone und der Ersten Armee, trotz der beträchtlichen Entfernungen, die zu bewältigen waren, ist das Werk in einer Rekordzeit zu einem guten Ende geführt worden, wie es der General de Lattre de Tassigny gewünscht hatte.

Quellen und Literatur

Akten:

Gemeindearchiv Reichenau: Akten 1945

Kath. Pfarramt Reichenau: Verkündbuch, Rundschreiben

Archiv des Deportiertenverbandes FNDIRP, Paris: Bericht eines Häftlings aus Dachau über seinen Aufenthalt auf der Reichenau

Amicale des Anciens de Dachau, Paris: Berichte von Deportierten

Archives du Maréchal de Lattre, Paris: Dokumente der 1. Französischen Armee

Stadtarchiv Konstanz: S II 8053 (Requisitionen), S II 9476 (Reichenau), S II 9544 (Friedhof), S II 9667 (kontrollierte Vermögen), S II 16393 (französ. Friedhof).

Befragungen:

Maria Bernhard, Frida Böhler, Karoline Heckmann, Alfred Hellinger, Pirmin Honsell, Rosa Honsell, Anna Huber, Arnfied Huber, Emi Palus, Heinrich Raff, Johanna Rückert, Martha Wurz.

Veröffentlichungen:

Allach, Kommando de Dachau, Paris 1986.

B. Barbey, Fünf Jahre auf dem Kommandoposten des Generals. Tagebuch des Chefs des Persönlichen Stabes General Guisans. 1940 - 1945, Bern 1948.

W. Benz, Zwischen Befreiung und Heimkehr. Das Dachauer Internationale Häftlings-Komitee und die Verwaltung des Lagers im Mai und Juni 1945, in: Dachauer Hefte 1/1985, S. 39-61.

Général Béthouart, Cinq années d'espérance. Mémoires de guerre 1939 - 1945, Paris 1968.

Mab Brunhes, Avec les "touristes" Parisiens à L'Ile de Reichenau, in: Nouvelles de France et du Monde, Nouv.Série, Nr. 1, 26. September 1945 (Archiv des Südkurier Konstanz).

A. u. J. Dees de Sterio, Die Mainau. Chronik eines Paradieses, Stuttgart-Zürich 1977.

Du Tchad au Danube. L'Armée francaise dans la guerre, Paris 1948.

G. Ferber, Ernstes und Heiteres aus ungemütlicher Zeit - Wie es von der anderen Seite aussah, in: H. Maurer (Hg.), Die Grenzstadt Konstanz 1945, Konstanz 1988, S. 22 - 40.

D. Girres, Gailingen 1945, in: Beiträge zur Gailinger Geschichte 2/1985.

J. Joos, Leben auf Widerruf. Begegnungen im KZ Dachau 1941 - 1945, Olten 1946.

T. Keller, Reichenau in alten Ansichten, Zaltbommel 1991.

Konzentrationslager Dachau 1933 - 1945, 1972.

E. Krautkrämer, Kriegsende und Besatzungszonen, in: Der Weg zum Südweststaat, Karlsruhe 1991, S. 17 -37.

Ders., Das Kriegsende in Südwestdeutschland, in: Der Oberrhein in Geschichte und Gegenwart, Freiburg 1986, S. 201 - 224.

J. de Lattre de Tassigny, Histoire de la Première Armée francaise Rhin et Danube, Paris 1949.

J. de Lattre, Reconquérir. Ecrits 1944 - 45, Paris 1985.

S. de Lattre, Jean de Lattre mon mari, Bd. 1, Paris 1972.

E. Michelet, Die Freiheitsstraße, Dachau 1943-45, Stuttgart 1960.

A. Moser, Das französische Befreiungskomitee auf der Insel Mainau und das Ende der deutsch-französischen Collaboration 1944/45, Sigmaringen 1980.

La Première Armée francaise recoit les déportés de Dachau, in: Bulletin d'Information de la Ière Armée francaise, Nr. 181, 31. Mai 1945 (Archiv des Südkurier Konstanz)

O. Raggenbass, Trotz Stacheldraht. 1939 - 1945. Grenzland am Bodensee und Hochrhein in schwerer Zeit, 2. Aufl. Konstanz 1985.

Le Rapatriement des déportés francais par la Ière Armée, in: Revue d'Information des troupes francaises d'occupation en Allemagne Nr. 23/August 1947, S. 23-25 (Archives de l'Occupation Colmar)

J. Sanguedolce, Résistance: de Saint-Etienne à Dachau, Paris 1973.

Schriftenreihe des Arbeitskreises Regionalgeschichte Bodensee e.V.

Nr. 1: Gert Zang, **Das neue Konstanz**. Die Anfänge der Sozialdemokratie im Konstanz der liberalen Ära (1869-1878), 88 S., Konstanz 1980, Neuauflage 1998.

Nr. 2: Faden / Jansen / Reith / Ripp, **Wohnen in der Niederburg.** Jahrhundertwende und Gegenwart, 46 S., Konstanz 1980.

Nr. 3: Eckhardt Friedrich / Dagmar Schmieder (Hg.), **Die Gailinger Juden**, 126 S., Konstanz 1981, 5.erw. Aufl. 2023, ISBN 978-3-86628-347-4 im Hartung-Gorre Verlag.

Nr. 4: Dieter Petri, **Die Tiengener Juden**, 172 S., 2. Aufl. Konstanz 1984.

Nr. 5: Arnulf Moser, **Die Grenze im Krieg.** Austauschaktionen für Kriegsgefangene und Internierte am Bodensee 1944/45, 144 S., Konstanz 1985.

Nr. 6: Gert Zang, **Die unaufhaltsame Annäherung an das Einzelne**. Reflexionen über den theoretischen und praktischen Nutzen der Regional- und Alltagsgeschichte, 140 S., Konstanz 1985.

Nr. 7: Regina Schmid, **Verlorene Heimat.** Gailingen - ein Dorf und seine jüdische Gemeinde in der Weimarer Zeit, 225 S., Konstanz 1988

Nr. 8: Gert Zang (Hg.), **Arbeiterprovinz Singen 1895-1933**. Alltag, Politik und Kultur zwischen Kirchturm und Fabrikschornstein. Singen 1895-1933, 2 Bde., 1394 S., Konstanz 1989.

Nr. 9: Dieter Schott / Wemer Trapp (Hg.), **Seegründe.** Beiträge zur Geschichte des Bodenseeraumes, 398 S., Weingarten 1984.

Nr. 10: Dieter Schott, **Die Konstanzer Gesellschaft 1918-24.** Der Kampf um Hegemonie zwischen Novemberrevolution und Inflation, 580 S., Konstanz 1989.

Nr. 11: Erwin Reisacher, **Steinige Wege am See.** Erinnerungen eines Gewerkschaftssekretärs und Kommunalpolitikers, 253 S., Konstanz 1994.

Nr. 12: Arnulf Moser, **Die Napola Reichenau.** Von der Hei1- und Pflegeanstalt zur nationalsozialistischen Eliteerziehung (1941-1945), 110 S., Konstanz 1997. 2. Aufl. 2014, 3. Auflage 2024. ISBN 978-3-86628-501-9 im Hartung-Gorre Verlag

Nr. 13: Max Porzig, **Wort - Welten in der Arbeiterprovinz.** Erzählungen und Gedichte des Arbeiterschriftstellers Max Porzig 1879-1948, 146 S., Konstanz 1998.

Nr. 14: Stefan Kitzmann, **Gegen das Vergessen** - Denkmäler fiir die Opfer des Nationalsozialismus in Konstanz, 76 S., Konstanz 2008.

Arbeitskreis Regionalgeschichte Bodensee e.V.

Die Initiative zur Gründung ging 1978 von dem im Fach Geschichte an der Universität Konstanz bestehenden Forschungs- und Arbeitsschwerpunkt "Regionale Sozialgeschichte des 19. und 20. Jahrhunderts" aus. Vordringliches Anliegen war es, ein Forum für die Diskussion und den Austausch zwischen historisch interessierten Laien und Historikern zu bilden. Es sollten hier Bedürfnisse artikuliert, Probleme der einzelnen Arbeitsfelder diskutiert und Hilfestellungen angeboten werden. Ziel ist es, Geschichte nicht nur passiv zu konsumieren, sondern durch eigene Tätigkeit zu erarbeiten. Diese Zusammenarbeit erwies sich z. B. bei der Veröffentlichung der Broschüren "Wohnen in der Niederburg", "Die Gailinger Juden" und zuletzt "Gegen das Vergessen - Denkmäler für die Opfer des Nationalsozialismus in Konstanz" als sehr fruchtbar. Daneben richtete der Arbeitskreis seine Öffentlichkeitsarbeit in Presse, Versammlungen, Vorträgen und Schriften an eine breitere Öffentlichkeit, in der ein stärkeres historisches Interesse und ein Bewusstsein für historische Veränderungen, aber auch für die Geschichtlichkeit unserer Gegenwart geweckt werden sollte. Ein besonderer Schwerpunkt war die Aufarbeitung der NS-Zeit.

Der Arbeitskreis will

- dem Alltagsleben mit seinen Verbindungen nachspüren und dem Bild entgegenarbeiten, dass "Politik" nur jenseits des individuellen Lebens stattfindet, der Alltag und die Menschen aber immer gleich bleiben
- die wirtschaftlichen, sozialen und ökologischen Veränderungen, die insbesondere die Industrialisierung mit sich brachte, für unseren Raum erfassen
- die Wechselwirkungen in der Entwicklung von Zentrum und Region aufzeigen und die bisherige Trennung in lokale und große Geschichte überwinden.

Kontaktadresse. Dr. Gert Zang
Untere Rheinstraße 8
78479 Reichenau

E-Mail: gert.zang@hotmail.com

Weitere Buchtitel zur Geschichte der Bodenseeregion

Arnulf Moser, **Die Napola Reichenau.** Von der Heil- und Pflegeanstalt zur nationalsozialistischen Eliteerziehung (1941 - 1945)
3. Auflage 2024, 118 Seiten. € 19,80. ISBN 978-3-86628-501-9

Arnulf Moser, **Die andere Mainau 1945**. Paradies für befreite KZ-Häftlinge. 1. erweiterte und überarbeitete Auflage 2020 der 1995 im UVK erschienenen Erstauflage. 172 Seiten. € 19,80, ISBN 978-3-86628-664-1

Arnulf Moser, **Der Zaun im Kopf.**
Zur Geschichte der deutsch-schweizerischen Grenze um Konstanz.
1. erweiterte und überarbeitete Auflage 2011 der 1992 im UVK erschienenen Erstauflage, 2. unveränderte Auflage 2014.
200 Seiten, € 14,80, ISBN 978-3-86628-362-6

Sabine Bade, Roland Didra: **Es konnte alle treffen.** Gedenkbuch für die Konstanzer Opfer von NS-Zwangssterilisation und „Euthanasie"-Verbrechen 1934–1945. Mit einem Vorwort von Aleida Assmann.
1. Auflage 2024, 176 Seiten, € 24,80. ISBN 978-3-86628-803-4

Erhard Roy Wiehn (Hg.), **Ständig in Angst gelebt.** Else Büchler über ihr Leben als Jüdin während der NS-Zeit in Konstanz 1930-1945
Mit einem Vorwort von Uwe Brügmann.
1. Aufl. 2019; 2. Aufl. 2024. 52 Seiten. € 14,80. ISBN 978-3-86628-647-4

Klaus Oettinger, **Um eine freisinnige Kirche ringend.** Katholische Priester im 19. Jahrhundert. Wessenberg und die Wessenbergianer
1. Aufl. 2023, 160 Seiten, € 29,80. ISBN 978-3-86628-804-1

Eckhardt Friedrich / Dagmar Schmieder (Hg.), **Die Gailinger Juden**,
5. erw. Aufl. 2023, 1981[1], 126 Seiten,. € 14,80. ISBN 978-3-86628-347-4

Stanisław Dygat, **Bodensee.** Roman über den polnisch-englisch-französischen Mikrokosmos während der Internierung in Konstanz 1940
Vorwort von Hans-Christian Trepte, Nachwort von Arnulf Moser
Deutsche Erstauflage 2022; 276 Seiten, € 24,80. ISBN 978-3-86628-750-1